SEGURIDAD INFORMÁTICA

CAPA 8

SEGURIDAD INFORMÁTICA

PARA NO INFORMÁTICOS

EDWAR AGUIAR

Número de Control de la Biblioteca del Congreso de EE. UU.: 2016910971

ISBN:	Tapa Blanda	978-1-5065-1540-3
	Libro Electrónico	978-1-5065-1539-7

Información de la imprenta disponible en la última página.

Fecha de revisión: 07/22/2016

Para realizar pedidos de este libro, contacte con:
Palibrio
1663 Liberty Drive
Suite 200
Bloomington, IN 47403
743499

ÍNDICE

Este libro está dedicado a mi familia.
A mi esposa, Bárbara, la arquitecto de esta gran aventura.
A mi hijo, Carlos Manuel, mi fiel motivador: Never give up, dad!
A mi mamá, Ángela Chinchilla, todo un ejemplo de lucha.
A mi suegro, Manuel F. Alfonzo P., todo un ejemplo a seguir.
A mi suegra, Ana C. Tinoco F., mi consejera personal.

Finalmente,
A todos aquellos dispuestos a: Aprender a aprender.

Agradecimientos

Quiero agradecer primeramente a Dios por encima de todas las cosas, por las oportunidades recibidas, por las alegrías y las sonrisas de las personas que le dan felicidad a mi corazón. Muchísimas gracias por tus bendiciones.

Porqué es de bien nacidos ser agradecidos, y porqué fui educado con el deber de plantar un árbol, tener un hijo, y escribir un libro. Este libro no hubiese sido posible sin el apoyo, soporte y motivación de amigos y familiares.

A Bárbara Alfonzo, por canalizar mi ímpetu en la consecución de las metas.

A Carlos A. Nieves, el hombre de hacer las cosas correctas, correctamente.

A Rosa Mar, por todo el cariño, las oportunidades y su apoyo incondicional.

A la Familia Oliveros Semeco, por su especial amistad y fuente de inspiración.

A las Familias Otey y O'Neill, por hacernos sentir que no estamos solos en los Estados Unidos de América

Prólogo

Estimado lector:

Capa 8 – Seguridad Informática para no Informáticos es un libro que describe en forma concreta y didáctica, las principales dificultades y desafíos que todos tenemos al interactuar con las tecnologías digitales.

De escritura amena, con una profusa y pertinente búsqueda periodística de ejemplos concretos que han ocurrido en tiempos recientes, se muestra claramente, los altos impactos que tienen los incidentes de seguridad de la información, sobre gobiernos, empresas y personas.

En las primeras páginas, amigo lector, se encontrará con un interesante cuestionario introspectivo en el cual podrá analizar cuan preparado está para gestionar sus vínculos actuales y futuros con la tecnología.

Luego Edwar Aguiar nos sorprenderá con la capacidad de explicar en forma simple, aspectos de la conectividad de dispositivos y redes que en general son complejas de entender para las personas que no están familiarizadas con la tecnología informática.

La forma en que el autor logra expresarlo, además, le preparará para entender las futuras oportunidades y amenazas que el mundo digital supone.

En síntesis: estamos frente a un libro imprescindible para comprender el mundo actual y futuro.

Mis más afectuosos saludos:

Mgt. Ing. Eduardo James Carozo Blumsztein, CIS.

Introducción

Bienvenido a *Capa 8 – Seguridad Informática para no informáticos*. Vivimos en una sociedad moderna donde las computadoras se han apoderado del mundo, o al menos de muchas profesiones. En los primeros días de la computadora personal (PC, por sus siglas en inglés) cualquier persona que usaba una computadora debía tener habilidades técnicas para poder utilizarla. Para aquel entonces, la computadora era una herramienta nueva, con errores, y muy propensa a los problemas. Sin mencionar que después de todo, eran islas solitarias de información. Transportar información era solo posible a través de disquetes.

Las computadoras de hoy en día, tienen menos problemas, están interconectadas y sin duda alguna son máquinas mucho más complejas. Es claro y evidente que la computadora evolucionó desde un artículo novedoso a herramienta esencial para la ciencia, para luego convertirse en objeto cotidiano en un corto tiempo. No obstante, en la actualidad, no todo el mundo quiere ser un experto en computadoras. Cosa que no debería sorprendernos, después de todo, no todo el que aprende a leer y escribir, va a ser un escritor. No todo el que maneja un carro quiere ser piloto de carreras, aunque a veces parezca, y finalmente, no todo el que usa el teléfono quiere ser un Ingeniero en Telecomunicaciones. La mayoría de la gente solo quiere usar el computador para gestionar sus asuntos, y eventualmente, divertirse o entretenerse.

Cada día, son nuestras computadoras las que nos ayudan a estar conectados con el mundo moderno. Las usamos para estar informados, para estar en contacto con amigos y familiares a través de correo electrónico y redes sociales, para los estudios, para la banca en línea, pagar servicios, ver películas, comprar y navegar por internet, y mucho más. Dependemos tanto de nuestras computadoras para que nos proporcione estos servicios que en muchas ocasiones pasamos por alto su seguridad. Motivado a que estos equipos tienen esos roles tan críticos en nuestras vidas y que se les confía casi toda la información personal, por lo que es importante mejorar su seguridad para seguir confiando en ellos y mantener nuestra información segura.

Los criminales digitales pueden infectar su computadora con un *software* malicioso (*Malicious Software, malware*, por su nombre en inglés) de maneras diferentes. Ellos pueden tomar ventaja de una configuración por defecto o incorrecta, de la falta de actualización del sistema, o de los usuarios con comportamiento inseguro. También pueden utilizar la ingeniería social, una técnica en la que un atacante convence al usuario para realizar una acción como abrir un archivo adjunto de correo electrónico o hacer clic sobre un enlace malicioso, y una vez que su computadora queda infectada, los intrusos pueden usar el software malicioso para acceder a su computadora sin su conocimiento y realizar acciones no deseadas. Ellos pueden robar su información personal, cambiar configuraciones del equipo e instalar más programas maliciosos que pueden utilizar para aprovechar los ataques o propagar malware a otros, en fin, hacen que su computadora, una vez comprometida, sea poco confiable.

Todo de lo que usted encontrará en este libro, está concebido para ayudar a cualquier usuario final de computadoras, a utilizarlas siguiendo los procedimientos de mejores prácticas en el uso seguro del computador. Entendiéndose como usuario final, toda aquella persona que recurre al uso del computador por razones profesionales, de estudio o entretenimiento.

Con este libro aprenderá a practicar el principio de mínimo privilegio, remover software y servicios no requeridos o innecesarios, restringir el acceso remoto, y a tener cuidado con los enlaces o anexos de origen desconocido, etcétera. En fin, se le ayudará a evitar las amenazas que puedan comprometer su computadora, al mismo tiempo, que mejora su actitud con respecto a la seguridad informática

1

Antes de empezar

La autoevaluación

Amigo lector, antes de comenzar la lectura, le recomiendo realizar esta *autoevaluación*. Esta evaluación le servirá para determinar qué tan familiarizado está usted con las mejores prácticas de seguridad informática necesarias para proteger su privacidad, reducir el riesgo de robo de identidad, y evitar que los criminales digitales accedan y controlen su computadora o dispositivo. Haga esta evaluación antes de continuar con la lectura. No se deje intimidar por la palabra *autoevaluación*, en realidad es un conjunto de preguntas con dos alternativas de respuestas simples, "sí" o "no". Al final del cuestionario, encontrará una nota explicativa para cada pregunta.

Autoevaluación	Sí	No
¿Sabe identificar el sistema operativo de su computadora?	☐	☐
¿Puede afirmar que el sistema operativo de su computadora está actualizado a la fecha de hoy?	☐	☐
¿La cuenta de usuario con la que trabaja regularmente tiene privilegios administrativos?	☐	☐
¿Su contraseña de acceso incluye letras mayúsculas, letras minúsculas, números y símbolos?	☐	☐

¿La longitud de su contraseña es mayor a 15 caracteres?	☐	☐
¿La computadora que usted usa, es de su uso exclusivo (Léase, no es compartida)?	☐	☐
¿La computadora que usted usa tiene instalado un programa antivirus y *antispyware*?	☐	☐
¿Puede usted visualizar la marca de su computadora en la unidad de proceso o CPU?	☐	☐
¿La computadora que usted usa está bajo garantía?	☐	☐
¿Puede afirmar que su último respaldo de datos tiene menos de un mes de antigüedad?	☐	☐
¿La computadora que usted usa está conectada directamente a Internet?	☐	☐
¿Conoce usted la dirección IP de su computadora?	☐	☐
¿Su computadora está conectada a una red inalámbrica?	☐	☐
¿Posee usted, al menos una cuenta de usuario en cualquiera de los siguientes servicios: Gmail.com, Hotmail.com, Outlook.com, Yahoo.com, Facebook.com, Plus.Google.com, Skype.com, Twitter.com, Instagram.com, Linkedin.com, Tumblr.com, Pinterest.com, Amazon.com, Apple.com?	☐	☐
¿Está usted conectado a la *nube*?	☐	☐

Nótese que ninguna pregunta es de carácter técnico. La idea, amigo lector, es que usted se familiarice con su propio comportamiento al usar el computador o dispositivo inteligente, lo necesitará para poder identificar los temas en los que usted reconoce deficiencias y oportunidades de mejora. El primer requisito para resolver un problema, es reconocerlo. La mayoría de los usuarios de computadoras no dan la importancia necesaria a la seguridad informática, pero la realidad es que no tomar algunas medidas sencillas podría resultar en el robo de identidad o quizás peor. Indudablemente hay muchas maneras de aprender, se puede aprender proactivamente adelantándose a los acontecimientos, mejorando su postura de seguridad informática como usuario regular de computadoras, o reaccionar a un evento, teniendo que lidiar con las consecuencias.

Vivimos en un mundo digital, donde cada avance tecnológico importante en informática, plantea nuevas amenazas a la seguridad que requieren nuevas soluciones y la tecnología avanza mucho más rápido que la velocidad a la que las nuevas soluciones pueden ser desarrolladas. Esta es una realidad para el mundo empresarial, donde existe personal calificado para hacer frente a estos desafíos, imagine usted entonces el reto para el usuario doméstico.

¿Sabe identificar el sistema operativo de su computadora?

Los tres sistemas operativos de computadoras más populares son: Windows de Microsoft, OS X de Apple y GNU Linux. Cada sistema operativo tiene sus propias características, y eventualmente, sus vulnerabilidades. Saber reconocer su sistema operativo es el primer paso para fortalecer su postura de seguridad. Solo para ilustrarle para qué sirve y cómo se usa dicha información, coloque las siguientes frases, según sea su caso, en su buscador preferido en Internet: vulnerabilidades de Windows 8.1, vulnerabilidades de OS X Yosemite, vulnerabilidades de Linux Ubuntu. Nótese que estoy usando versiones específicas en cada caso. Se sorprenderá con los resultados.

¿Puede afirmar que el sistema operativo de su computadora está actualizado a la fecha de hoy?

Los programadores son seres humanos, y por consiguiente, susceptibles a cometer errores. En proyectos grandes como sistemas operativos, es decir, *software* de propósito general con muchas características incluidas y diseñadas para adaptarse a muchos casos, los programadores generan errores involuntarios en el código. Adicionalmente, hay que agregar los problemas que aparecen cuando se usan varias características del sistema operativo, simultáneamente, que generan conflicto. Son estas fallas las que pueden ser aprovechadas, y por consiguiente, comprometer el dispositivo. Mantener su sistema operativo actualizado, a la fecha, le garantizará una mejor postura de seguridad, así como también, mejoras de rendimiento y compatibilidad con nuevos tipos de *hardware* y dispositivos.

¿La cuenta de usuario con la que trabaja regularmente tiene privilegios administrativos?

Utilizar una cuenta de usuario con privilegios administrativos para trabajar regularmente significa poner en alto riesgo su computadora. Privilegios administrativos significa poder hacer cambios en la configuración del sistema operativo, así como también, crear nuevos usuarios, poder instalar y desinstalar programas, etc. Use solo para esas funciones la cuenta de usuario Administrador. Para su actividad regular del día a día, use una cuenta de usuario limitada, por lo tanto, ante la eventualidad de un ataque las posibilidades de comprometer el sistema serán mínimas.

¿Su contraseña de acceso incluye letras mayúsculas, letras minúsculas, números y símbolos?

Una contraseña que sea difícil de predecir/adivinar por los seres humanos y los programas de computadora, protegerá eficazmente sus datos del acceso no autorizado. Una contraseña segura consiste en una combinación de letras, números y símbolos (¡, @, #, $, %, etc.), si se le permite. Asegúrese siempre de crear contraseñas que contengan letras mayúsculas, letras minúsculas, números, símbolos y más importante aún, poder recordarla, créame, lo necesitará.

¿La longitud de su contraseña es mayor a 15 caracteres?

La longitud de la contraseña es muy importante para proteger su identidad ante un ataque de fuerza bruta. Recuerde siempre crear contraseñas de al menos quince (15) caracteres de largo, porque no es solo crearlas, se requiere también recordarlas.

¿La computadora que usted utiliza, es de su uso exclusivo (léase, no es compartida)?

En este aspecto, el sentido común se impone. Si la computadora es de su uso exclusivo, todas las medidas de seguridad informática que usted implemente, se mantendrán en el tiempo. Si es de uso compartido, debe asegurarse que los demás usuarios siguen los mismos procedimientos de seguridad que usted. Recuerde que con tan solo un usuario que abra la puerta, el sistema podrá ser comprometido en su totalidad. Lo cual incluye la información de todos los usuarios registrados en dicha estación de trabajo o computadora.

¿La computadora que usted usa tiene instalado un programa antivirus y *antiespías*?

Un virus informático es un programa diseñado para infectar un sistema informático (léase, la computadora) y propagarse de un sistema a otro, y por supuesto, interferir con el normal funcionamiento del mismo. El *spyware (Software espía)* en un término asociado con *software* que muestra publicidad y que rastrea la información personal del usuario. Por consiguiente, tener un *software* antivirus y antiespías instalado y actualizado en su computadora, le protegerá contra anuncios emergentes, rendimiento lento del PC y amenazas de seguridad causadas por *software espía* y otros programas no deseados.

¿Puede usted visualizar la marca de su computadora en la unidad de proceso o CPU?

Si usted puede visualizar la marca de su computadora (entiéndase, Dell, HP, IBM, Lenovo, Sony, Acer, Mac, Panasonic, Asus, etc.) en el CPU o monitor, significa que usted tiene una computadora con *software* original instalado, y muy probablemente, con una garantía de tres (3) años. Una buena marca, cuida su reputación y busca fidelidad de sus usuarios (léase, clientes) lo que significa tener acceso a un sitio web donde recibir y solicitar soporte y apoyo técnico, en caso de necesitarlo. Si usted posee una computadora considerada *clone*, es decir, un PC hecho por una empresa de terceros, y no por la empresa que originalmente lo diseñó, le corresponde verificar si tiene acceso a soporte técnico, términos de la garantía y eventualmente, la integridad del sistema operativo. Un sistema operativo pirata lo pone en alto riesgo y echa por tierra cualquier oportunidad de mejora de su seguridad informática.

¿La computadora que usted usa está bajo garantía?

Recuerde siempre que, si su computadora está bajo garantía, muy probablemente usted tiene acceso a servicio técnico. Evite siempre invalidar su garantía. Consultar a los expertos, ahorra tiempo y dinero.

¿Puede afirmar que su último respaldo de datos tiene menos de un mes de antigüedad?

Un respaldo de datos no es más que la copia de la información importante (documentos, fotos, música, videos, etc.) almacenada en su computadora a otro dispositivo externo para tener un punto de recuperación ante la posibilidad de una falla o evento mayor (entiéndase, eliminación de archivos de forma involuntaria, robo, corto circuito, incendio, inundación, falla del disco duro, etc.) de su computadora.

¿La computadora que usted usa está conectada directamente a Internet?

El elemento importante detrás de esta pregunta, es indagar si usted está familiarizado con dos dispositivos necesarios para recibir el servicio de Internet. *Routers* y módems son dos de los periféricos más comunes, sin embargo, muchos usuarios no conocen la función de cada uno. Mientras que los dos dispositivos pueden parecer similares, cada uno de ellos tiene un propósito diferente. Desde el punto de vista de seguridad, si está conectado directamente a Internet –es decir, no hay *router* de por medio—, su riesgo es aún mayor.

¿Conoce usted la dirección IP de su computadora?

Una dirección IP son cuatro números separados por puntos, por ejemplo, 192.168.10.20, que en su conjunto conforman una etiqueta numérica que identifica a un dispositivo (generalmente una computadora) dentro de una red que utilice el protocolo IP, Internet Protocol, por sus siglas en inglés. Es ese número identificador que, en unión con otros elementos, le permite conectarse a Internet e interactuar con los demás equipos conectados. Ese número puede variar por muchas circunstancias, pero lo importante a tener en cuenta, desde el punto de vista de seguridad, es todo lo que puede develar acerca de usted.

¿Su computadora está conectada a una red inalámbrica?

Hoy en día, casi todos sabemos que las tecnologías de comunicaciones inalámbricas han tenido un gran impacto en todo el mundo, especialmente en los últimos años. Su facilidad de instalación, bajo costo y libertad de movimiento, la han masificado. Sin embargo, por la naturaleza de su magia (señales de radio, los dispositivos inalámbricos emiten señales de radio para comunicarse), la seguridad se convierte en una preocupación importante. Es posible que un intruso pueda estar al acecho al aire libre con un computador portátil y una tarjeta de red inalámbrica con la intención de interceptar las señales de una red inalámbrica cercana.

¿Posee usted al menos una cuenta de usuario en cualquiera de los siguientes servicios: Gmail.com, Hotmail.com, Outlook.com, Yahoo.com, Facebook.com, Plus.Google.com, Skype.com, Twitter.com, Instagram.com Linkedin.com, Tumblr.com, Pinterest.com, Amazon.com, Apple.com?

Poseer una o más cuentas de usuario en cualquiera de los servicios disponibles en Internet (Correo Electrónico, Redes Sociales, Banca en Línea, Comercio Electrónico, etc.) amerita que usted adopte las medidas de seguridad necesarias para no ser víctima del robo de identidad, sabotaje, piratería, pérdida de intimidad o de algo peor. La razón es muy simple, la Internet, la red de redes, no es segura.

¿Está usted conectado a la *nube*?

La *nube* es un término que ha crecido en popularidad, pero, ¿conoce en realidad qué es la *nube?* "Cloud computing" o simplemente "The cloud", por sus nombres en inglés. El concepto de la *nube,* en la práctica no es más que utilizar una red de servidores remotos alojados en Internet para almacenar, gestionar y procesar datos, en lugar de un servidor local o una computadora personal. Aterricemos un poco más la idea, quiere decir que sus datos van a estar en la *nube* (léase, Internet), y no en su computadora personal, en casa. ¡Pero si acabamos de conocer que la Internet no es segura! ¡Exacto, estimado lector!, se requiere comprender cuánto riesgo puede tolerar. No es igual almacenar toda su música en la *nube,* que almacenar todos sus documentos de proyectos o fotos que pongan en riesgo su intimidad. Estar en la *nube* trae consigo todos los riesgos inherentes a Internet, y por consiguiente, le corresponde adoptar medidas de seguridad para disminuir todos los riesgos posibles.

Los desafíos del mundo moderno

El mundo no es perfecto. Desafortunadamente un mundo sin amenazas no existe. Todos sabemos que las fuerzas del mal están allá afuera esperando lo que se conoce como: "la próxima víctima". En ausencia de amenazas validadas (esto es, que no tiene enemigos identificados de quien defenderse), todo usuario regular de computadoras necesita entender al menos los riesgos conocidos y los desafíos del mundo moderno. La seguridad de los sistemas de información es un fenómeno internacional, los delitos cometidos utilizando computadoras o dirigidas a las computadoras, no conocen fronteras geográficas. La aldea global literalmente, cobra vida. Lo que conocemos como "The World Wide Web" o "La Visión del Mundo" es exactamente eso, todo el mundo. Las noticias están allí para confirmarlo.

Para el sector empresarial, créame, es todo un desafío. Las grandes corporaciones o compañías transnacionales que han sido comprometidas en su seguridad informática, les ha tocado repensarse. Les ha tocado aprender de forma reactiva, lo que los ciberdelincuentes ya sabían, el eslabón más débil de la cadena de la seguridad informática es el ser humano. Ciertamente, hay otras vulnerabilidades, pero, atacar a un usuario desprevenido o muy poco entrenado, da mayores dividendos. En la actualidad, muchas organizaciones se han volcado a mejorar su postura de seguridad informática, redoblando presupuestos, certificando a sus administradores y demás personal técnico, evaluando vulnerabilidades, entrenando a sus usuarios hasta un nivel que es adecuado para reducir el riesgo de pérdida a un nivel aceptable.

2

Conociendo la red

El nacimiento de la red

Al principio, no había redes informáticas. Las computadoras eran aisladas, es decir, cada computadora era una isla de información. La única forma de compartir información era guardar los archivos (programas e información) en discos flexibles, y a continuación, caminar hasta la computadora destino, y una vez allí, copiar o utilizar la información transportada por el usuario en los disquetes. Evidentemente, no era el método más eficiente de compartir o transportar información. En 1973, Xerox le dio respuesta al desafío de mover datos sin usar discos flexibles. Fue el nacimiento de Ethernet, un estándar tecnológico de redes basado en una topología de bus. El estándar Ethernet original usaba un cable coaxial que en una topología de bus permitía conectar varias computadoras, dotándolas de la capacidad de transferir datos hasta un máximo de 3 *megabits* por segundo o Mbps. Desde entonces, el estándar Ethernet ha evolucionado, y en la actualidad, se mantiene como el estándar dominante para una familia de tecnologías de red que define todos los aspectos involucrados en la transferencia de datos entre sistemas de computadoras, compartiendo la misma topología básica de bus, tipo de trama y método de acceso a la red. Con el advenimiento de Ethernet, las computadoras pudieron conectarse localmente para compartir recursos, formando lo que se conoce como Red de Área Local (LAN, por su nombre en inglés, Local Area Network).

Antes de que la Internet fuera popular, se crearon maneras de conectar dos simples redes locales separadas físicamente por grandes distancias. Eran básicamente las interconexiones privadas de las redes privadas. Estas conexiones solo eran posibles a través del sistema telefónico establecido y eran conocidas como *líneas dedicadas T1*. La necesidad de conectar oficinas remotas, es decir, oficinas en diferentes ciudades u oficinas distantes dentro de la misma ciudad, dieron paso a lo que hoy se conoce como Red de Área Amplia (WAN, por su nombre en inglés, Wide Área Network).

En mayo de 1974, Robert Kahn y Vinton Cerf, publicaron su trabajo de investigación titulado "Un protocolo de red para interconexión de redes por paquetes", que describe un conjunto de las reglas para la conexión de cualquier tipo de redes. Lo llamaron el conjunto de protocolos de Internet o *TCP/IP*.

En 1983, el protocolo *TCP/IP* fue implantado en la red ARPANET, la primera red de conmutación de paquetes de área amplia, desarrollada por encargo de DARPA, una agencia del Departamento de Defensa de los Estados Unidos. En 1990, la ARPANET fue retirada y transferida a la Red de la Fundación Nacional de Ciencias de los Estados Unidos (NSFNET, por su nombre en inglés, National Science Foundation Network). La NSFNET pronto fue conectada a la Red de Ciencias de la Computación (CSNET, por su nombre en inglés, Computer Science Network) que vincula a las universidades alrededor de América del Norte, y luego a la Red de la Unión Europea (EUNet, por sus siglas en inglés, The European Network) que conecta los centros de investigación en Europa. Gracias a la extraordinaria gestión de la Fundación Nacional de Ciencias, y motivado a la gran popularidad de la web, el uso de Internet estalló después de 1990, haciendo que el Gobierno de Estados Unidos transfiriera la gestión a organizaciones independientes a partir de 1995. Como se habrá podido dar cuenta, amigo lector, fue la red

ARPANET y sus posteriores conexiones, la que evolucionó y se convirtió en la red Internet que conocemos hoy en día. En otras palabras, la red de redes.

Ahora que conocemos algunos hechos relevantes de cómo sucedieron las cosas, *¿qué es realmente Internet?* A continuación, le presentaré la resolución unánime del Consejo Federal de Redes (FNC, por su nombre en inglés, Federal Networking Council) de fecha 24 de octubre de 1995, disponible en línea a través del sitio web del Programa de Redes y Tecnologías de la Información de Investigación y Desarrollo https://www.nitrd.gov/fnc/Internet_res.aspx de los Estados Unidos (NITRD, por su nombre en inglés, The Networking and Information Technology Research and Development Program).

La resolución unánime explica que: "el término *Internet* se refiere al sistema de información global que:

(i) *"está relacionado lógicamente por un espacio de dirección única a nivel mundial basado en el Protocolo de Internet (IP) o sus extensiones posteriores.*
(ii) *es capaz de soportar comunicaciones utilizando el Protocolo de Control de Transmisiones y el Protocolo Internet (TCP / IP) de la suite o sus posteriores ampliaciones, y otros protocolos compatibles con IP; y*
(iii) *establece, utiliza o hace accesible, ya sea pública o privada, servicios de alto nivel en capas sobre las comunicaciones y la infraestructura relacionada descritos en el documento* (NITRD, 1995)".

No se sienta mal, si de momento, no queda muy claro lo que significa Internet, después de todo, los especialistas en Informática han desarrollado su propio lenguaje debido a las complejidades de las nuevas tecnologías. Usemos entonces el Diccionario de la Real Academia Española -DRAE, también disponible en línea en http://www.rae.es, e indaguemos un poco más sobre lo que es realmente

Internet. Consultando la versión electrónica del diccionario de la 22.ª edición, actualizado hasta el año 2012, encontraremos que:

Internet.

1. amb. Red informática mundial, descentralizada, formada por la conexión directa entre computadoras mediante un protocolo especial de comunicación (RAE, Internet, 2016).

El diccionario de la RAE inicia la definición con la abreviación "amb.", que significa nombre ambiguo, y que al buscar dicha palabra en el diccionario electrónico encontramos que:

Ambiguo, gua.
(Del lat. ambigŭus).

1. adj. Dicho especialmente del lenguaje: Que puede entenderse de varios modos o admitir distintas interpretaciones y dar, por consiguiente, motivo a dudas, incertidumbre o confusión (RAE, Ambiguo, 2016).

Supongo que percibió el hecho de que el término puede admitir distintas interpretaciones y dar motivo a dudas o confusión. Después de todo querido amigo, usted no está leyendo para estar confundido, ni es el objetivo de esta sección.

La expansión de la red

Recordemos entonces cómo se popularizó la Internet. La Internet se extendió a través de uno de sus servicios más versátiles, la Web (WWW, por su nombre en inglés, The World Wide Web). Tim Berners-Lee inventó la web con la ayuda de Robert Cailliau y otros en el laboratorio de física nuclear del Consejo Europeo para la Investigación Nuclear (CERN, por su nombre en francés, Conseil

Européen pour la Recherche Nucleaire). El término fue propuesto por el inglés Tim Berners Lee, quien argumentó que el vocablo no debería ser tomado de la mitología griega. Conozcamos entonces qué es la Web, para entender por qué se suele confundir la Web con la Internet en sí misma. Usemos para tal efecto, las palabras de Tim Berners Lee y Robert Cailliau, *"La visión del mundo W3, son documentos que se refieren entre sí por enlaces. Por su semejanza con la construcción de una telaraña, este mundo se llama la Web"* (Lee & Cailliau, 1992). Información disponible en inglés, también en línea en: http://www.livinginternet.com/w/w.htm.

Queda claro entonces que cuando un usuario busca información en línea (*online*, por su nombre en inglés, que significa estar conectado a una red y usado con frecuencia para describir a alguien que está actualmente conectado a Internet), la está buscando en la Web y no en Internet como erróneamente suele pensarse. Como lo vimos anteriormente, la Internet es un sistema mundial de redes de computadoras interconectadas que utilizan la familia de protocolos estándar de Internet (*TCP/IP*) para enlazar varios millones de dispositivos en todo el mundo. La Internet viene a ser entonces el medio por donde viaja la información, y la Web, la dimensión donde residen los documentos que contienen referencias entre sí, denominada así por sus creadores.

La World Wide Web que en su inicio fue no más que un juguete para programadores y científicos, terminó siendo indudablemente la tecnología clave que impulsó la popularidad de la Internet alrededor del mundo. Nótese que se ha incluido Localizadores de Recursos Uniformes (URL, por su nombre en inglés, Uniform Resource Locator) para darle soporte a las ideas. Estos localizadores son una dirección que define el tipo y la ubicación del recurso en la Internet. Los URL se utilizan en casi todas las aplicaciones TCP/IP. Lo que se quiere resaltar en esta idea, es que indistintamente de dónde usted esté leyendo este libro, si tiene acceso a Internet, podrá consultar, en tiempo real, los mismos documentos o recursos que se están usando para explicarle la magia de "La Red". Digamos, por ejemplo, que las computadoras que permitieron consultar la 22.ª edición electrónica del diccionario de la Real Academia Española, están ubicadas en Madrid, España, del mismo modo, las computadoras que permitieron consultar la resolución del Consejo Federal de Redes, acerca del término "Internet", pertenecientes a la Fundación Nacional de Ciencias de los Estados Unidos, están situadas en la ciudad de Arlington, en el estado de Virginia, en los Estados Unidos de América. Como verá, la web, solo disponible a través de Internet, es la herramienta que le permite viajar por el mundo, desde la comodidad de su casa, universidad u oficina, de allí su nombre, la visión del mundo.

Es necesario mencionar que la web, no es el único servicio disponible a través de la red de redes. El correo electrónico (email, por su nombre en inglés, electronic mail) es sin duda el servicio de Internet más utilizado. En realidad, el intercambio de mensajes entre computadoras ha existido desde la creación de Ethernet, recordemos el desafío resuelto por Xerox en 1973, cuando se hizo evidente que la ARPANET se estaba convirtiendo en el medio de comunicación por excelencia para la humanidad con ventajas muy superiores sobre el correo normal y sobre las llamadas telefónicas. Una red de correo electrónico eficiente fue desarrollada para la ARPANET. Nació entonces el Protocolo Simple de Transferencia de Correo (SMTP, por su nombre en inglés, Simple Mail Transfer Protocol). El objetivo era claro, transferir correo de manera confiable y eficiente. En 1993, los grandes proveedores de servicios de red, América Online y Delphi, conectaron sus sistemas de correo electrónico privados a Internet, iniciando así la adopción a gran escala del correo electrónico de Internet como un estándar global.

La omnipresencia de la red

La telaraña se extendió exponencialmente, y literalmente, hizo honor a su nombre. Hasta ahora solo hemos visto cómo la magia de Internet conquistó al mundo. Siendo la Internet una innovación americana y la Web una innovación europea, debe quedar claro que la Internet es algo internacional. Actualmente, existen muchos otros servicios disponibles vía Internet, como por ejemplo los periódicos en línea o diarios digitales, las bitácoras o blogs, las emisoras de radio y televisión en línea, redes sociales, contenido digital bajo demanda, las tiendas en línea o comercio electrónico, los servicios de banca en línea, entre muchos otros. La omnipresencia de la red, es una realidad. La Internet permite que cualquier persona conectada, desde cualquier ciudad del mundo, pueda consultar todo tipo de información en línea. Inevitablemente, la red ha modificado los hábitos de consumo, los negocios, el trabajo, la educación y el entretenimiento. Leer el periódico, estar en contacto con amigos y familiares, a través de redes sociales y ver videos a través de Internet, ya son actividades habituales para quienes navegan a diario por la web. Sin mencionar que, los gobiernos aceleran la entrega de los productos y servicios del Estado, tanto a los ciudadanos como a la industria, a través de portales web.

Todos sabemos que las tecnologías de comunicaciones inalámbricas han tenido un gran impacto alrededor del mundo, especialmente en los últimos años. Actualmente, este tipo de comunicaciones afecta todo lo que hacemos regularmente, desde la telefonía celular hasta acceder a información para controlar inventarios en grandes tiendas por departamento. Las comunicaciones inalámbricas han revolucionado completamente la forma en que vivimos, de la misma manera como las computadoras personales alteraron nuestra forma de trabajar en la década de los 80, y la Internet dramáticamente cambió la forma en que obtenemos y accedemos a la información en la década de los 90. Últimamente, y gracias a la magia de las tecnologías de comunicaciones inalámbricas, la Internet ha cambiado como nos comunicamos alrededor del mundo. Usamos dispositivos inteligentes inalámbricos para enviar y recibir pequeños mensajes, así como también, navegar por Internet y acceder a bases de datos corporativas, desde cualquier lugar, todas estas actividades son ahora parte integral de nuestras vidas. Los nuevos dispositivos inteligentes –entiéndase computadoras, celulares, tabletas, cámaras fotográficas digitales y cámaras de video, impresoras, reproductores de música portátiles, inclusive televisores, lavadoras y secadoras—son equipados con la habilidad de comunicarse sin cables. Casi todo el mundo ha experimentado cambios basados en las tecnologías inalámbricas, a tal punto que ni siquiera pensamos en ello, tan solo esperamos que el dispositivo pueda trabajar sin estar conectado por un cable. Es precisamente allí, donde la red se hace omnipresente. De la misma forma en que un automóvil no sería muy útil sin gasolina, un dispositivo inteligente no sería tan inteligente, sin la red.

Sin duda alguna, la palabra clave es información. Todo lo que viaja por la red, es información. Aunque la Sociedad de la Información no está limitada a Internet, la red de redes ha facilitado en gran medida el intercambio de datos, ideas e información. Es por eso que, desde el punto de vista social, Internet ofrece oportunidades sin precedentes que dan poder a los individuos, y adicionalmente, los conecta con fuentes cada vez más ricas de información digital. Veamos a continuación algunos ejemplos de cómo la red empodera a los individuos. Consultemos entonces el prestigioso sitio web TED -www.ted.com, dedicado a la Tecnología, Entretenimiento y Diseño, (Technology, Entertainment and Design, por su significado en inglés). La organización TED ampliamente conocida por su congreso anual de conferencias TED (TEDTalks, por su nombre en inglés) es una organización sin fines de lucro dedicada a difundir las *"Ideas dignas de difundir"* (Ideas worth spreading, por su nombre en inglés). Las conferencias TED, cubre muchos temas que van desde la tecnología, entretenimiento y diseño, obviamente, hasta la política, pasando por educación, cultura, negocios, desarrollo y globalización, entre muchos otros. De esa poderosa fuente de ideas, se han seleccionado tres conferencias que permiten ilustrar el poder de la red, su alcance, dimensión, así como también sus problemas y desafíos. Nótese cómo la red, inadvertidamente, pasa a un segundo plano.

Salman Khan: Usemos el video para reinventar la educación

Salman Khan el creador de la Academia Khan —https://es.khanacademy.org, una asociación sin fines de lucro con la misión de proveer educación libre y de clase mundial para cualquier persona, en cualquier lugar— en su charla "Usemos video para reinventar la educación", describe como dándole tutorías a sus primos de forma remota, descubrió el poder del video en la educación. El señor Khan narra lo profundo de la retroalimentación que recibió por parte de sus familiares. Ellos le manifestaron que después de ver los videos que él había creado y colocado en YouTube –un sitio web en la cual los usuarios pueden subir y compartir videos— para ayudarles a entender algunos conceptos, preferían la versión automatizada de su primo (video tutorial) que a él en persona. Ellos alegaban que el video les permitía verlo (recibir la explicación o información) tantas veces fuese necesario, sin pasar la pena de: *"puedes repetir esto de nuevo"*, lo podían ver a su propio ritmo y a la conveniencia de su horario. El señor Khan describe que adicionalmente otras cosas interesantes sucedieron, debido a que los videos colocados en YouTube eran públicos. Empezó a recibir comentarios, cartas y todo tipo de retroalimentación de mucha gente alrededor del mundo. Fue claramente una señal de que los videos tutoriales estaban ayudando a la gente. Incluso recibió cartas de profesores indicándole que él prácticamente estaba dando la clase, y que ellos se preguntaban, entonces, *¿qué hacemos nosotros?* Hasta que le encontraron respuesta, asignaban los videos tutoriales como tareas y lo que se suponía iba a ser la tarea, lo ejecutaban en clase. En resumen, Salman Khan habla de cómo y por qué creó la notable Academia Khan, una serie de videos educativos cuidadosamente estructurados que ofrecen programas de estudio completo en matemáticas, y ahora, en otras materias. Él muestra el poder de los videos tutoriales y ejercicios interactivos, y llama a los profesores a considerar dar la vuelta al guion tradicional en el aula de clases, dando a los estudiantes un video tutorial para ver en casa, y hacer "tareas" en el aula con el profesor disponible para ayudar. Es indudable, estimado lector, que el modelo Khan motiva al individuo a experimentar y alcanzar el dominio del conocimiento (Khan, 2011).

Usted puede ver la conferencia "Usemos video para reinventar la educación" del Sr. Salman Khan directamente desde el sitio web TED en el siguiente enlace http://on.ted.com/SalKhan
Nota: recuerde habilitar los subtítulos en español.

Andrew Blum: Descubre el lado físico de Internet

El periodista Andrew Blum inicia su conferencia *"Descubre el lado físico de internet"*, razonando metódicamente sobre lo que estaba acostumbrado a escribir, la arquitectura. El señor Blum diserta sobre cómo un arquitecto diseña un edificio, y luego cómo dicho edificio se convierte en un lugar, o en su defecto, cómo muchos arquitectos diseñan muchos edificios, y cómo posteriormente estos se convierten en una ciudad, un lugar, en algo físico. En fin, lugares que luego se podrán visitar, oler, palpar. Blum narra cómo, aunque escribía sobre arquitectura, estaba saliendo menos a presenciar el mundo exterior, cómo pasaba horas pegado a la pantalla de la computadora, y cómo esa relación se había incrementado con la llegada de un iPhone, cuya pantalla era aún más pequeña. Blum describe que lo que en realidad lo impactó, fue aquel mundo dentro de la pantalla que parecía no tener realidad propia. Que después de investigar al respecto, solo encontró una imagen que mostraba la Internet como una Vía Láctea, dándole la impresión de que la Internet era inmensa y no se podía entender en su totalidad. Se preguntó entonces, si hay un mundo y una pantalla, y si hay un mundo físico a mí alrededor, *¿nunca se podría tenerlos juntos en un mismo lugar?* Y de repente un evento muy particular sucedió, su conexión a Internet había dejado de funcionar. Como era de esperarse, un técnico fue a reparar la conexión. El técnico revisó minuciosamente las conexiones del cable dentro de la casa, hasta llegar al patio trasero, hasta que miró una ardilla corriendo sobre el cable y entonces exclamo: *"Ahí está el problema. Una ardilla está mascando su Internet"*. El periodista describe que aquello le pareció asombroso, para su entender *"Internet era una idea trascendental, un conjunto de protocolos que habían cambiado todo, desde las compras hasta las citas en línea, incluyendo revoluciones. Definitivamente la Internet no podía ser algo que una ardilla pudiera masticar"*. Aclaró entonces, que *"fue en realidad eso, lo que sucedió"*. Blum comenta entonces su visualización: *"y si despego el cable y entonces empiezo a seguirlo: ¿A dónde iría? ¿Sería un lugar que se podría visitar? ¿A quién encontraría? ¿Hay algo en realidad ahí? La respuesta, considerando todas las historias, es no"*. Blum continúa su relato haciendo mención a una serie de televisión cómica de origen británico, *"The IT Crowd"*, por su nombre en inglés, conocida también en España como *"Los informáticos"*, donde la Internet fue representada como una caja negra con una luz roja que titila. Termina su mención indicando que *"sintió vergüenza, al verse a sí mismo, buscando esa cosa que solo los tontos buscaban"*. Definitivamente, la Internet, no era una simple cajuela con una lucecita roja que titilaba. No era un mundo real en esa dirección. Pero afirma, *"de hecho lo es. Hay un mundo real de la Internet allá afuera, y a visitar esos lugares me dediqué durante dos años. Fui a centros de datos que usan la misma cantidad de energía que las ciudades donde se encuentran. Visité el número 60 de la calle Hudson en New York, uno de una lista muy corta de edificios, donde más redes* *de Internet se conectan una a otra que en cualquier otro lugar. Y esa conexión es sin duda un proceso físico. Es acerca del router de una red, como el de Facebook, Google, B.T., Comcast o el de Time Warner, etcétera, haciendo conexión usualmente con un cable amarillo de fibra óptica y bajando hasta el router de otra red. Y eso es indudablemente físico, y sorprendentemente íntimo. Un edificio como el de la calle Hudson, tiene 10 veces más redes internas haciendo conexiones que el resto de edificios de su manzana. Hay una lista muy corta de lugares como este. Este edificio es particularmente interesante porque es el centro de más de media docena de redes de importancia, que son las redes que alimentan los cables transoceánicos que están bajo el agua y que conectan a Europa y a América. Y son esos cables en los que quiero enfocarme. Si Internet es un fenómeno global, si vivimos en una aldea global, es porque hay cables en el fondo del océano".* Mostrando una sección de un pedazo de cable sobre su mano. *"Cables como éste. Son realmente pequeños y puedes sostenerlos en tu mano. Son como una manguera. Pero en la otra dimensión son realmente expansivos, tan expansivos como quieras imaginarlos. Se extienden a lo largo del océano. Tienen cinco, ocho o trece mil kilómetros de longitud, y aunque la ciencia de los materiales y la tecnología computacional sean increíblemente complicadas, los procesos físicos son extremadamente simples. La luz entra por una parte del océano y sale por la otra, y normalmente viene de un edificio llamado una estación de amarre que está puesta discretamente en un pequeño barrio costero, y hay amplificadores en el fondo del océano que parecen un atún de aleta azul, y cada ochenta kilómetros amplifican la señal, y como el ritmo de transmisiones es increíblemente rápido, la unidad básica es de 10 gigabits por segundo de longitud de onda de luz, quizás mil veces más que una conexión regular, o capaz de llevar 10 mil videos de flujo digital, pero ahí no termina todo, ya que no solo harás que un flujo de onda de luz pase por una de las fibras, sino que harás que fluyan unas 50, 60 o 70 longitudes de onda de luz por una sola fibra, y tendrás quizás ocho fibras en un cable, cuatro en cada dirección. Y son diminutas, tan gruesas como un cabello. Y luego se conectan en alguna parte del continente".* Blum continua su relato dando mayores detalles de cómo luce y transcurre el proceso de instalación de los cables transoceánicos, para luego finalizar su conferencia indicando que *"todos hablamos acerca de la nube, pero cada vez que ponemos algo en la nube, nos desatamos de ciertas responsabilidades. Estamos menos conectados a ella. Dejamos que otras personas se preocupen de ella. Y eso no está bien"*, afirmó. Comenta que *"hay una excelente frase de Neal Stephenson en la que dice que las personas conectadas deberían saber algo acerca de cables. Y deberíamos saber pienso yo, deberíamos saber de dónde viene Internet, y deberíamos saber qué es lo que físicamente nos conecta a todos".* Y así el señor Blum finaliza su intervención, con un formal *"Muchas Gracias".* (Blum, 2012).

Usted puede ver la conferencia "Descubre el lado físico de internet" del Periodista Andre Blum directamente desde el sitio web TED en el siguiente enlace http://on.ted.com/Tubes
Nota: recuerde habilitar los subtítulos en español.

Mikko Hypponen: La lucha contra los virus, la defensa de la red

El experto en seguridad informática, Mikko Hyppönen, da inicio a su conferencia *"La lucha contra los virus, la defensa de la red"*, con afirmaciones típicas de un ser apasionado por lo que hace. *"Amo la Internet. Es verdad. Piensen en todo lo que nos ha traído, piensen en todos los servicios que utilizamos, toda la conectividad, todo el entretenimiento, todos los negocios, todo el comercio. Y está sucediendo durante nuestras vidas. Estoy muy seguro de que algún día vamos a estar escribiendo libros de historia de cientos de años a partir de ahora. Esta vez nuestra generación será recordada como la generación que se puso en línea, la generación que construyó algo real y verdaderamente global. Pero sí, también es cierto que Internet tiene problemas, problemas muy graves, problemas con la seguridad y los problemas con la privacidad. He pasado mi carrera luchando contra estos problemas".* Hyppönen, entonces, pasa a la acción con una demostración sobre el primer virus de computadoras. *"Esto aquí es Brain. Este es un disquete de cinco y un cuarto de pulgada infectado con Brain. Es el primer virus que hemos encontrado para computadoras PC. Y sabemos de dónde vino Brain. Lo sabemos porque así lo dice en el código".* El experto en seguridad, a continuación usa su computadora portátil, introduce el disquete y continúa. *"Veámoslo, este es el sector de arranque de un disquete infectado, y si vemos más de cerca, ya veremos que allí mismo, dice: Bienvenido a la Mazmorra, y luego continúa diciendo: 1986, Basit y Amjad. Y Basit y Amjad son los primeros nombres, primeros nombres paquistaníes. De hecho, hay un número de teléfono y una dirección en Pakistán".* Luego, el señor Hyppönen, saca la cuenta de los años transcurridos, y continúa su relato. *"Ahora estamos en el 2011. Eso fue hace 25 años. El problema de los virus de computadoras tiene 25 años ahora. Así que hace medio año, decidí ir a Pakistán. Así que vamos a ver, aquí hay un par de fotos que tomé mientras estaba en Pakistán. Esto es la ciudad de Lahore, que está a unos 300 km al sur de Abbottabad, donde fue capturado Bin Laden. Aquí está una vista típica de una calle. Y aquí está la calle o carretera que conduce a este edificio, que es el bloque 730 Nizam en el pueblo de Allama Iqbal. Y toqué la puerta. ¿Quieren adivinar quién abrió la puerta? Basit y Amjad; todavía están allí".* Hyppönen, cambia de fotografía, y continúa. *"El que está aquí de pie, es Basit. El que está sentado, es su hermano Amjad. Estos son los chicos que escribieron (programaron) el primer virus de computadoras PC. Por supuesto, tuvimos una discusión muy interesante. Les pregunté por qué. Les pregunté cómo se sienten acerca de lo que empezaron. Y tuve algún tipo de satisfacción de saber que tanto Basit y Amjad habían tenido docenas de veces infectada su computadora por otros virus completamente no relacionados, durante estos años. Así que hay una especie de justicia en el mundo, después de todo".* Mikko Hyppönen, continúa su charla hablando de los virus de la década de los 80 y 90. Comenta que en la actualidad estos virus no representan ningún problema, y procede a una demostración de los virus y informáticos Centipede, Crash y Walker. Resalta que obviamente era muy fácil saber que la computadora estaba infectada por un virus informático, cuando estos eran escritos por aficionados y adolescentes. El experto entonces afirma, *"Hoy en día ya no están siendo escritos por los aficionados y adolescentes. Hoy en día, los virus son un problema global".* Entonces, se pregunta, *"¿de dónde vienen todos estos?".* Pregunta, a la que rápidamente le da respuesta. *"Pues bien, hoy, son las bandas criminales organizadas que escriben estos virus porque hacen dinero con ellos".* Hyppönen explica métodos conocidos de cómo los criminales digitales pueden hacer dinero. Y a continuación, lo cuantifica. *"La cantidad de dinero que el crimen en línea genera es significativo. Eso significa que los criminales digitales pueden darse el lujo de invertir en sus ataques. Sabemos que los criminales digitales están contratando programadores, contratando personas para las pruebas, poniendo a prueba su código, cuentan con sistemas de respaldo y bases de datos SQL. Y pueden darse el lujo de ver cómo trabajamos, cómo el personal de seguridad trabaja, y trabajan a su manera alrededor de las medidas de seguridad que podemos construir. También utilizan la naturaleza global de la Internet para su beneficio. Quiero decir que la Internet es internacional. Es por eso que la llamamos Internet".* Mikko Hyppönen, narra cómo el *software* malicioso es capaz de moverse alrededor del mundo. Describe cómo los criminales digitales toman ventaja de las fronteras geográficas de los países alrededor del mundo, tomando en cuenta que no hay competencia policial de forma global. Y cuando son localizados, la policía no actúa, y si lo hace, poco se puede hacer por la falta de evidencias. Ya para concluir, Hyppönen, enfatiza, *"Todo está siendo dirigido por computadoras. Todo depende de estos equipos de trabajo. Nos hemos vuelto muy dependientes de Internet, en las cosas básicas como la electricidad, obviamente, en las estaciones de trabajo, y esto realmente es algo que crea completamente nuevos problemas para nosotros. Tenemos que tener alguna manera de seguir trabajando, incluso si las computadoras fallan".* Hace una pausa, y continúa. *"Me encanta Internet, de verdad. Piensen en todos los servicios que tenemos en línea. Piensen si se los quitan, si un día realmente no los tienen por alguna razón. Veo la belleza en el futuro de la Internet, pero me preocupa que posiblemente no veamos eso. Me preocupa que nos estamos metiendo en problemas debido al crimen digital. La delincuencia en línea es la única que nos podría quitar estas cosas".* Risas en el auditorio, y continua. *"Me he pasado la vida defendiendo la red, y yo siento que, si no luchamos contra la delincuencia en línea, estamos corriendo el riesgo de perderlo todo. Tenemos que hacer esto a escala mundial y tenemos que hacerlo ahora mismo. Lo que necesitamos son operaciones globales para exigir cumplir la ley y encontrar las bandas de criminales digitales. Estas bandas organizadas están haciendo millones en sus ataques. Eso es mucho más importante que ejecutar un antivirus o un cortafuego (firewall). Lo que realmente importa es encontrar la gente detrás de estos ataques, y más importante aún, encontrar las personas que están a punto de formar parte de ese mundo de la delincuencia digital, pero que aún no lo han hecho. Tenemos que encontrar a las personas que tienen la habilidad, pero no la oportunidad y darles la oportunidad de usar sus habilidades para bien".* Hyppönen hace una pausa, para formalmente terminar con *"Muchas Gracias".* (Hypponen, 2011).

Usted puede ver la conferencia "La lucha contra los virus, la defensa de la red" del experto en seguridad informática, Mikko Hyppönen, directamente desde el sitio web TED en el siguiente enlace: http://www.ted.com/talks/mikko_hypponen_fighting_viruses_defending_the_net?language=en Nota: recuerde habilitar los subtítulos en español.

Aspectos fundamentales de la red

Puntualicemos entonces algunos aspectos de la red. Cuando se dice que Internet tiene alcance global, es porque literalmente hay cables interoceánicos que conectan países y continentes, observe a continuación la gráfica mapa de cables submarinos, cortesía de TeleGeography, una firma consultora y de investigación del mercado de las telecomunicaciones, disponible también en línea en el sitio web Telegeography: http://www.submarinecablemap.com

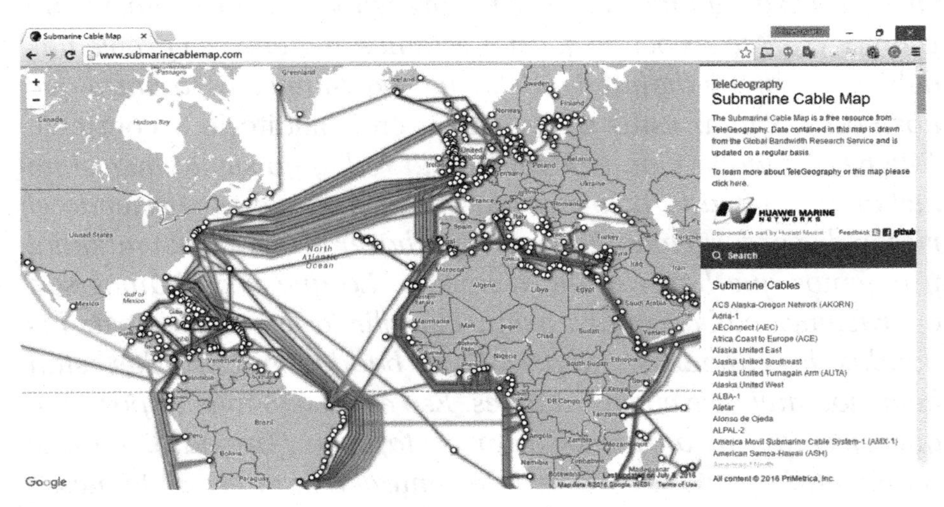

Gráfica 1-Mapa de Cables Submarinos

Cuando le decimos a una persona *"búscalo en Internet"*, la mayoría de ellos automáticamente abrirá un navegador web, porque se asocia que la web, es la Internet. La Internet, es la infraestructura que permite a la web funcionar, pero sin duda es mucho más que la web. Observe a continuación el conjunto de protocolos en la gráfica de arquitectura de reloj de arena de Internet, diseñada por el profesor asociado *Constantino Dovrolis y el estudiante Saamer Akhshabi, en la Escuela de Ciencias de la Computación del Instituto de Tecnología de Georgia*, en los Estados Unidos, disponible en línea a través del sitio web Georgia Tech Research

News http://www.gtresearchnews.gatech.edu/hourglass-internet-architecture/. De arriba hacia abajo: Aplicaciones Específicas, Protocolos de Aplicaciones, Protocolos de Transporte, Protocolos de Red, Protocolos de Enlace de Datos y Protocolos de la Capa Física.

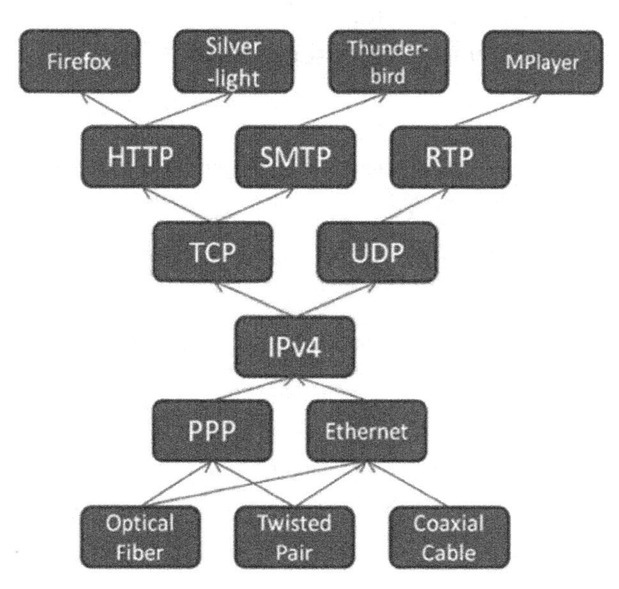

Gráfica 2-Arquitectura de Reloj de Arena de Internet

Cuando se dice que la red trae beneficios, obviamente, nos referimos a todos los servicios existentes antes mencionados, así como también, los inherentes a esa nueva dimensión del ciberespacio, al grado de inmediatez e instantaneidad. Gastón Guernik lo ilustra de manera especial en su artículo *"Internet cambió todo, desde nuestra forma de aprender hasta la inmediatez con que esperamos respuestas"* – *http://tinyurl.com/p6z7h34*.

Cuando se dice que la red también tiene sus riesgos, nos referimos a un gran número de factores. Los riesgos de estar conectados a Internet son reales y se han generalizado. A continuación, una lista de las amenazas más comunes: debilidades del control de acceso; fallas del sistema y debilidades de la configuración; *software* malicioso como virus, gusanos y *software* espía; ataques de ingeniería social, de denegación de servicios y ataques a través de conexiones inalámbricas (*Wireless*); el robo de identidad, y muchos otros. Observe en la gráfica número 3, la serie de tuits del presidente de los Estados Unidos de América: "Hoy, me estoy centrando en cómo proteger mejor a los consumidores estadounidenses del robo de identidad", Barack Obama. Tuits publicados el 12 de enero de 2015, usando la etiqueta #Ciberseguridad.

Gráfica 3 - Tuits sobre #Ciberseguridad de Barack Obama

Es necesario puntualizar una cosa más, cuando le decimos a una persona *"móntalo en la nube"*, nos estamos refiriendo a Internet. Se usa "la nube" (*cloud*, por su nombre en inglés) como símbolo de Internet. Se le denomina así porque la información que está siendo accedida se encuentra en "la nube", y el usuario no requiere estar en un lugar específico para tener acceso a la información. Lo único necesario para acceder a ella, es conexión a Internet. Piense en "la nube" como el lugar donde la información se almacena y que permanece allí hasta que usted la requiera.

Entiéndase que cuando usted coloca información en la *nube*, en realidad la está colocando en algún servidor de algún proveedor de servicios de almacenamiento como Amazon Web Services, Google Cloud Storage, Microsoft, IBM, HP, AT&T, etcétera y que accede a ella a través de algún servicio de almacenamiento en la *nube* como *iCloud, Google Drive, Dropbox, Sugarsync, Onedrive, Opendrive, Adrive,* etcétera. Cada vez que vemos un video en YouTube, colocamos un comentario en Facebook, accedemos a un correo electrónico como Gmail, Hotmail, Yahoo, etcétera, estamos haciendo uso de la *nube*, todos esos son servicios allí, hospedados en Internet y que son accesibles desde cualquier computadora, tableta o teléfono inteligente con conexión a Internet.

3
Los números mágicos

El *software* de redes

En los primeros días del *software* de redes había varios competidores, los cuales no trabajaban bien juntos. Novell NetWare, Microsoft Windows y Apple Macintosh tenían su propio *software* de redes para compartir archivos e impresoras. En el mundo de UNIX solo se compartían terminales. La Internet había sido justo abierta al público. La web para entonces era un juguete que programadores y científicos disfrutaban al máximo. Cada compañía hacía su propio *software*, interpretaban, o mejor dicho, ignoraban totalmente el Modelo de Interconexión de Sistemas Abiertos (OSI - Open System Interconnection Model, por su nombre en inglés) empujando la balanza hacia su lado, tratando de marcar la pauta de cómo debían funcionar las redes de computadoras. Debo mencionar que no fue un tiempo agradable para quienes nos iniciábamos en el área de las tecnologías de información. Fue un tiempo de mucha turbulencia. Para ser útil, tocaba conocerlos todos, cosa que obviamente, no era fácil. El problema fundamental era que no se ponían de acuerdo de cómo la red debía funcionar. El *software* de cada compañía tenía su propio conjunto de reglas de lo que una red debía hacer y cómo hacerlo. Cada conjunto de reglas se fragmentaba en reglas individuales llamadas protocolos.

Cada conjunto, entonces, tenía muchos protocolos agrupados bajo el nombre de Set de Protocolos (Protocol Suite, por su nombre en inglés). Novell Netware llamó a su Set de Protocolos IPX/SPX. El Protocolo de Microsoft fue llamado NetBIOS/NetBEUI. Apple, por su parte, llamó al suyo AppleTalk, y la gente de Unix, usaba TCP/IP. La realidad indica que TCP/IP ganó esa competencia, en mi opinión, gracias al éxito de Internet y la web.

El nacimiento del protocolo TCP/IP

Recordemos cómo nació el conjunto de protocolos de Internet (Protocolo de Control de Trasmisiones / Protocolo de Internet o TCP/IP), para tener una idea clara del *software* de redes, y por consiguiente, qué hay detrás de los números mágicos. El Protocolo TCP/IP fue creado por el Departamento de Defensa de los Estados Unidos para asegurar y preservar la integridad de datos, así como también, mantener comunicaciones en el caso de una guerra catastrófica. Por lo tanto, se deduce que si se diseña y se implementa correctamente, una red TCP/IP puede ser una infraestructura realmente confiable y resistente.

Para entender esta tecnología, lo primero que hay que tener claro es que no existe una cosa tal como TCP sobre IP, quiero decir, tal y como lo infiere su nombre TCP/IP. En realidad, TCP/IP son muchísimas cosas más como Telnet, FTP, SMTP, DNS, SNMP y muchos otros protocolos del nivel de aplicaciones, más, TCP y UDP sobre IP. Observe en la gráfica número 4, la Arquitectura del Protocolo TCP/IP, en detalle. Teniendo en cuenta esta compleja superposición de protocolos no les fue fácil conseguir un término que explicara toda esa complejidad. La gente que inventó esta pila de protocolos de red decidió llamarlo TCP/IP, a pesar de que ese término es demasiado simple para cubrir toda su funcionalidad en cuestión.

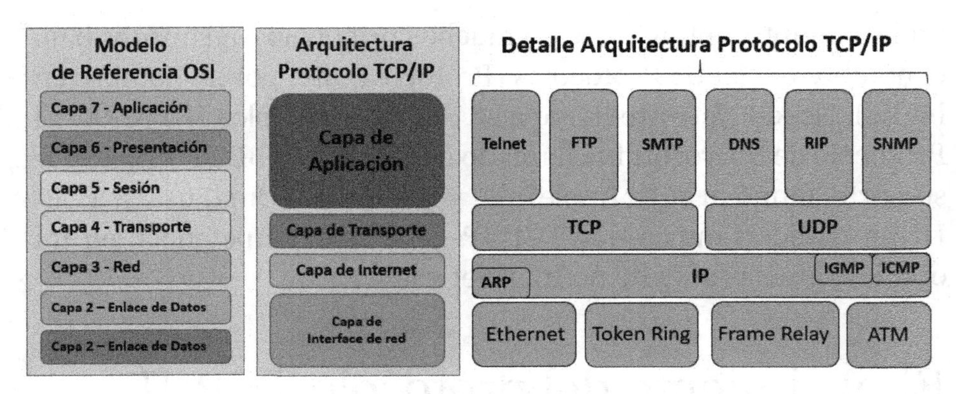

Gráfica 4- Arquitectura del Protocolo TCP/IP

De la misma forma en que se suele decir que *"todos los caminos conducen a Roma"*, esa frase de alguna forma intenta describir la organización de la antigua Italia, o sea Roma. En redes, todos los caminos conducen a una dirección IP. Todos los demás protocolos en la capa de red, así como también los protocolos de capas superiores, usan o interactúan con una dirección IP. Todos los caminos en la Arquitectura del Protocolo TCP/IP (o Modelo DoD, como es mejor conocido en inglés) pasan a través de una dirección IP. El Protocolo de Internet o IP, es esencialmente la capa de red. Los otros protocolos que existen en este nivel, solo están para darle soporte al Protocolo de Internet. IP maneja la visión completa y se podría decir que "lo ve todo", ya que es consciente de toda la red interconectada. El Protocolo IP puede hacer eso porque cada máquina conectada a la red tiene una dirección IP, que no es más que una etiqueta numérica que identifica, de manera lógica y jerárquica, a cada máquina o dispositivo conectado a la red. Esa es la razón por la que esta sección se llama "Los números mágicos". A continuación, veremos con mayor detalle el esquema de direccionamiento del Protocolo IP, para entender gran parte de su magia y comprender su importancia.

Direccionamiento del protocolo TCP/IP

Primeramente, familiaricémonos con la terminología IP. Sin duda, facilitará el entendimiento de esta tecnología.

***Bit*:** Es un digito, que puede ser 0 o 1.

***Byte*:** Es una unidad de información digital equivalente a 8 bits.

***Octet*:** Un octeto, está compuesto de 8 bits. Es prácticamente un número binario de 8-bits. Los términos *octet* y *byte* son completamente intercambiables.

Dirección de Red: Es la designación usada en enrutamiento para enviar paquetes a una red remota, por ejemplo, 10.0.0.0, 172.16.0.0, 192.168.10.0.

Dirección de Broadcast: La dirección usada por aplicaciones y anfitriones (*hosts*) para enviar información a todos los nodos de la red. Por ejemplo, 255.255.255.255, que incluye todas las redes y todos los nodos; 172.16.255.255, que incluye todas las subredes y nodos en la red 172.16.0.0; y 10.255.255.255, que incluye todas las subredes y nodos de la red 10.0.0.0.

Dirección IP: Una dirección IP consiste en 32 bits de información. Estos bits están divididos en cuatro secciones referidas como octetos o *bytes*, cada una compuesta de 1 *byte* (8 bits). Por ejemplo, 192.168.10.10 o vista en binario, 11000000.10101000.00001010.00001010.

La dirección IP de 32 bits es una dirección estructurada o jerárquica (en contraposición a una dirección plana o no jerárquica). El punto es que la estructura jerárquica fue seleccionada por una buena razón, la ventaja de este esquema es que puede manejar un número largo de direcciones, estoy hablando de 4.3 mil millones. Veámoslo, una dirección de 32-bits de largo con dos posibles valores (es decir, 0 o 1) es igual a 2^{32}, o 4.294.967.296. La desventaja del esquema plano y la razón por la que no se usa para direccionamiento IP, está relacionado con el enrutamiento. Si cada dirección es única, todos los enrutadores (*router*, por su nombre en inglés, los dispositivos encargados de proporcionar la conectividad a nivel de red) en Internet tendrían que almacenar la dirección de cada máquina en Internet. Claramente, un enrutamiento eficiente sería imposible por la dimensión de la lista, incluso, utilizando una pequeña parte de las direcciones posibles.

La solución para este problema es usar un esquema de direccionamiento jerárquico con dos o tres niveles. Digamos, por ejemplo, por red y anfitrión (*host*) o por red, subred y anfitrión. Si nos fijamos bien, este esquema de dos o tres niveles es comparable con el esquema del sistema telefónico. La primera sección, es decir, el código de área, designa un área bien amplia, por ejemplo, un estado. La segunda sección o el prefijo, disminuyen el alcance a una llamada local, es decir, una ciudad o localidad. El segmento final, el número del cliente, indica la conexión específica, identifica al abonado, cliente o suscriptor. El direccionamiento IP usa el mismo tipo de estructura en capas o niveles. Una parte de la dirección IP identifica la red y la otra parte identifica tanto a la subred y al anfitrión, o simplemente al nodo. Los diseñadores de Internet decidieron crear clases de redes basándose en su tamaño. Para un grupo reducido de redes (128), les otorgaron capacidad para un gran número de nodos, y la denominaron “Red Clase A”. En el extremo opuesto, para un gran número de redes (2.097.152), les otorgaron capacidad para un pequeño número de nodos y la denominaron “Red Clase C”. Obviamente, la clasificación de red que no es muy grande ni muy pequeña, y que permite la creación de un máximo de 16,384 redes, la denominaron “Red Clase B”. Observe a continuación las Tablas Sumario de las Clases de Redes, creada con información de las Peticiones de Comentarios (Request For Comments, o RFC, por su nombre en inglés) los documentos que sirven de referencia para la comunidad de Internet y que describen los diferentes aspectos de su funcionamiento, RFC 791 - http://www.ietf.org/rfc/rfc791.txt, y RFC 870 - https://tools.ietf.org/html/rfc870, respectivamente.

Estructura

	8 bits	8 bits	8 bits	8 bits
Clase A:	Red	Host	Host	Host
Clase B:	Red	Red	Host	Host
Clase C:	Red	Red	Red	Host

Gráfica 5- Estructura, Clases de Redes

Nótese como en una red clase A, solo se designa el primer octeto para identificar la red, quedando los tres octetos restantes de la dirección IP para identificar los *hosts*. De allí, el gran número de posibles *hosts* en una red Clase A. Tres octetos, es decir, 24 bits de largo con dos posibles valores, es igual a 2^{24} o 16.277.214 hosts por cada red Clase A. Del mismo modo, y en la parte baja de la tabla, para una red Clase C, se designan los tres primeros octetos para identificar la red, dejando tan solo un octeto para identificar los hosts. Lo que resulta en un gran número de redes, con un reducido número de *hosts*.

Clases de Redes

	Bits Iniciales	Primer Octeto	Direcciones	Host por Red
Clase A:	0	1-126	10.0.0.0 – 126.255.255.255	16.277.214
Clase B:	10	128-191	128.0.0.0 – 191.255.255.255	65.534
Clase C:	110	192-223	192.0.0.0 – 223.255.255.255	254
Clase D:	1110	224-239	224.0.0.0 – 239.255.255.255	Multicast
Clase E:	1111	240-254	240.0.0.0 – 254.255.255.255	Experimental

Gráfica 6- Identificadores, Clases de Redes

En una red Clase B los dos primeros octetos se usan para identificar la red, y los dos octetos restantes, para identificar los *hosts*. Lo que significa que cada red Clase B puede tener hasta un máximo de 65.534 *hosts*.

Observe que en la tabla "Identificadores, Clases de Redes", hace falta en el primer octeto el número 127. Esto obedece a que algunas direcciones de red tienen un propósito especial. Por ejemplo, las direcciones 127.X.X.X son reservadas para designar la propia estación de trabajo. La dirección 127.0.0.1 también conocida como dirección de bucle local (Loopback, por su nombre en inglés) permite verificar el funcionamiento de la pila del protocolo TCP/IP sobre la estación de trabajo. Adicionalmente, los diseñadores del esquema de direccionamiento contemplaron lo que se conoce como redes privadas. Un conjunto de direcciones que solo se pueden utilizar en una red privada, puesto que no son enrutables a través de la Internet. Fue una medida doble propósito, crear una medida de seguridad muy necesaria, al mismo tiempo que se guarda un conveniente y valioso espacio de direcciones IP. Observe a continuación la tabla de *Direcciones IP Privadas*.

Direcciones IP Privadas	
Dirección Clase	Espacio de Direcciones reservadas
Clase A	10.0.0.0 – 10.255.255.255
Clase B	172.16.0.0 – 172.31.255.255
Clase C	192.168.0.0 – 192.168.255.255

Gráfica 7-Direcciones IP Privadas

Hay muchas otras consideraciones que los diseñadores de Internet establecieron para facilitar el enrutamiento de paquetes como las máscaras de red, la creación de subredes y la traducción de direcciones de red (Network Address Translation – NAT, por su denominación en inglés), sin embargo, son aspectos que no vale la pena tratarlos en este momento, ya que llevarían la discusión más allá del alcance de este libro.

Los números mágicos: Aspectos importantes

Puntualicemos entonces los aspectos importantes de los números mágicos, en otras palabras, el esquema de direccionamiento del protocolo IP.

Una dirección IP es un número identificador asignado a cada máquina o estación de trabajo en una red IP, y que a su vez, designa la ubicación específica del dispositivo o estación de trabajo en la red. La dirección IP es una dirección de *software*, en contra posición con la dirección física o dirección de *hardware* (Media Access Control - MAC, por su designación en inglés, un identificador único de 48 bits que es grabado en la memoria de solo lectura en las tarjetas o interfaces de red) que es usada para encontrar los *hosts* en la red local. La dirección IP fue diseñada para permitir a las computadoras de una red comunicarse con las computadoras ubicadas en una red diferente, sin importar el tipo de red en la que están participando.

Una dirección IP es un número único e irrepetible que está dividido en cuatro secciones por puntos. Por ejemplo, la dirección 10.1.20.132, que corresponde a la dirección IP que está usando la estación de trabajo (mi computadora portátil personal) sobre la que escribo estas líneas. Dado que está dentro del segmento 10.0.0.0 – 10.255.255.255, corresponde a una dirección IP Privada. Quiere decir, que estoy trabajando sobre una computadora que está conectada a una red privada. Observe a continuación la gráfica *Dirección IP Privada*. Información que se obtiene consultando la configuración de la conexión de red de la estación de trabajo.

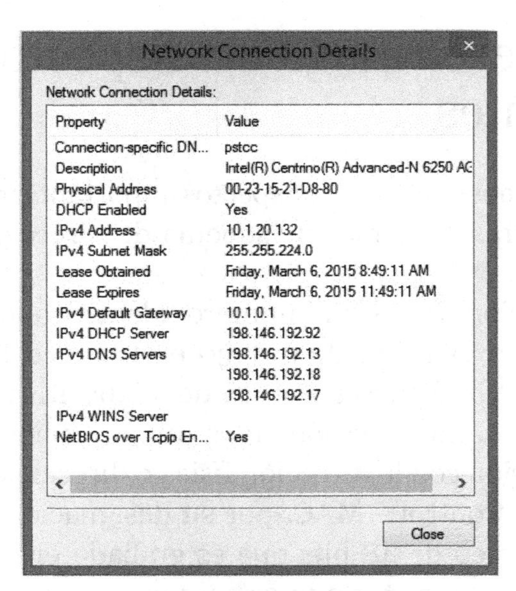

Gráfica 8- Dirección IP Privada

Por lógica elemental, podemos deducir entonces, que si una dirección IP no es privada, entonces es pública. Ciertamente, todas las direcciones IP concebidas en el protocolo IP son públicas, con excepción de las reservadas. Una dirección IP pública, es la dirección IP asignada a cualquier dispositivo o estación de trabajo que está conectado directamente a Internet. Investiguemos entonces la dirección IP pública que permite a la red privada sobre la que estoy trabajando tener acceso a la Internet. Observe en la gráfica número 9 *Dirección IP Pública.* Nótese que si tenemos acceso a la Internet, podemos utilizar un navegador web (léase, Internet Explorer, Mozilla Firefox, Google Chrome, Safari, etcétera) y utilizar el sitio web www.google.com, mejor conocido como el buscador "Google" y, con tan solo colocar "my ip address" o "mi dirección ip" en la barra de búsqueda, automáticamente obtendremos un recuadro que nos informará la dirección IP pública, a través de la cual estamos conectados a Internet. En este caso particular, podemos observar la gráfica número 9 que la dirección IP pública que nos permite el acceso a la red de redes es 198.146.200.254.

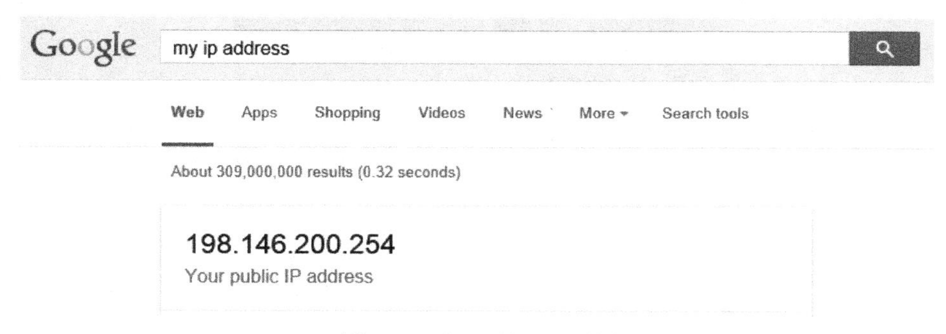

Gráfica 9- Dirección IP Pública

Una dirección IP puede ser pública o privada, sin embargo, hay dos maneras de obtenerla, de forma dinámica o manual. La forma manual requiere que el usuario del computador o dispositivo introduzca los números correspondientes, y por consiguiente, tenga certeza de las propiedades de la red, o en su defecto, tenga toda la información necesaria, como dirección IP, máscara de red, puerta de enlace y direcciones IP de los servidores DNS. La forma dinámica se ejecuta a través del protocolo de configuración de *host* dinámico o DHCP (Dynamic Host Configuration Protocol, por su nombre en inglés). Para que funcione, se requiere que en la red exista un servidor proporcionando el servicio de DHCP. El servicio permite obtener la configuración de red en forma dinámica, es decir, sin la intervención del usuario. Tan solo se requiere habilitar la opción "Obtener la dirección IP automáticamente" en el cliente de redes TCP/IP sobre la estación de trabajo o dispositivo. Observe a continuación la gráfica número 10 *Servicio DHCP*.

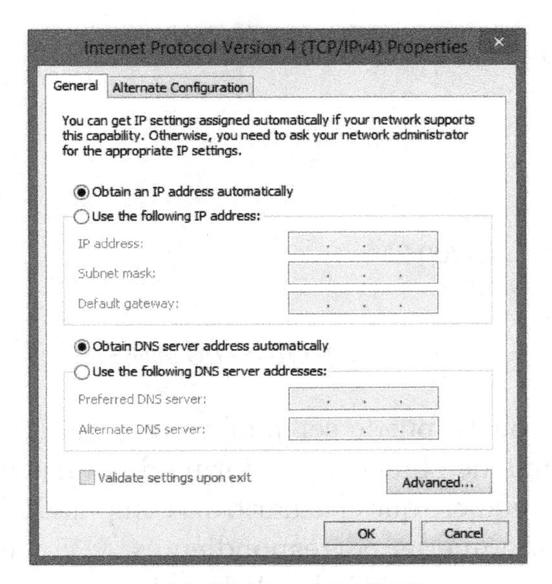

Gráfica 10- Servicio DHCP

Hay un aspecto importante de resaltar del servicio DHCP, la concesión. El servidor DHCP asigna las direcciones IP con una fecha de inicio y de vencimiento para su validez. Para mantener el control y la administración de las direcciones, existe un proceso de renovación de concesión en la cual el cliente DHCP actualiza sus datos de configuración con el servidor DHCP. Adicionalmente, el cliente DHCP intenta renovar su concesión cada vez que el equipo o estación de trabajo se reinicia. Observe y detalle nuevamente la gráfica número 8, dirección IP privada, encontrará allí un claro ejemplo de una concesión.

Las direcciones IP, como ya se ha mencionado, deben ser únicas e irrepetibles, o sea, no pueden existir dos dispositivos con la misma dirección. Con el propósito de asegurar este principio, en 1998 se fundó la organización sin fines de lucro responsable de la coordinación global del sistema de identificadores únicos de Internet (www.icann.org/es), o ICANN (Internet Corporation for Assigned Names and Numbers, por su apelativo en inglés). La ICANN no gestiona directamente el sistema, en su lugar, tiene grupos especializados para gestionar las direcciones IP, los nombres de dominios y los gestores de los dominios de primer nivel con códigos de países. La autoridad para la asignación de números de Internet www.internetassignednumbersauthority.org, o IANA (Internet Assigned Numbers Authority, por su nombre en inglés), es la entidad encargada de gestionar y mantener los sistemas de asignación de números únicos, entiéndase las direcciones IP, que conforman el esquema de direccionamiento del Protocolo de Internet. En la práctica entonces, los usuarios reciben las direcciones IP de los proveedores de servicios de Internet o ISP (Internet Service Provider, por su designación en inglés). Los proveedores de servicios de Internet, obtienen sus asignaciones de direcciones IP de un Registro Local o Nacional de Internet (National/Local Internet Registry, por su nombre en inglés), o del correspondiente Registro Regional de Internet (Regional Internet Registry) http://www.internetassignednumbersauthority.org/numbers. Observe a continuación la gráfica número 11 *Autoridades de Registros de IANA*.

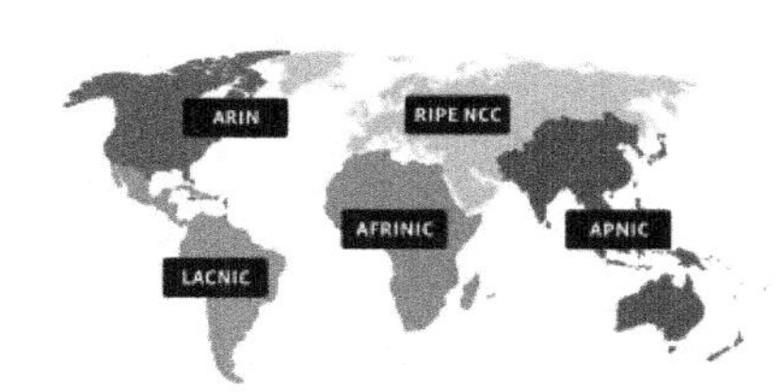

Registry	Area Covered
AFRINIC	Africa Region
APNIC	Asia/Pacific Region
ARIN	North America Region
LACNIC	Latin America and some Caribbean Islands
RIPE NCC	Europe, the Middle East, and Central Asia

Gráfica 11- Autoridades de Registros de IANA

Es necesario señalar una cosa más sobre los números mágicos. Contra todo pronóstico, casi todos los registros regionales de Internet, han entrado en fase de agotamiento de las direcciones IP. De las 4.3 mil millones de direcciones posibles del esquema de direccionamiento IP (32 Bits o 2^{32}, es decir, 4.294.967.296) que fue desplegado el primero de enero de 1983, ya no quedan muchas disponibles. Por esa razón, y previniendo este momento, fue creado un nuevo esquema de direccionamiento llamado "Protocolo de Internet Versión 6 o IPv6". Con la creación del nuevo esquema, el direccionamiento original pasó a llamarse IPv4. El nuevo esquema de direccionamiento IPv6 incrementa considerablemente el número de bits utilizados en una dirección IP, de los 32 bits utilizados en IPv4, se pasa a 128 bits en IPv6, permitiendo hasta 2^{128}, o algo así como 3.4×10^{38} posibles direcciones. Para que tenga una idea de lo grande de este número, piense en la cantidad de granos de arena existentes en el planeta Tierra. Lo que quiere decir que habrá suficientes direcciones IP disponibles para un futuro previsible. IPv6 no solo expande el esquema de direccionamiento, también incluye mejoras en la seguridad incluyendo soporte para el Protocolo de Seguridad de Internet o IPsec (Internet Protocol Security, por su equivalente en inglés) como parte del estándar, así como también, proporciona un esquema de enrutamiento más eficiente. Aunque el procedimiento de registro del nuevo esquema de direccionamiento IPv6 está disponible para registro desde el año 2010, no se ha masificado su uso.

4
Las cosas conectadas a Internet

La web 1.0

En el capítulo II, "Conociendo la red", aprendimos cómo se popularizó la red, entiéndase la Internet. La web, su servicio más versátil, desde su lanzamiento en 1992 hasta nuestros días, ha sufrido cambios. La web inicial, la de los programadores y científicos, ahora conocida como la web 1.0, se caracterizaba por ser netamente informativa. El foco fue construir la web y hacerla accesible. Sus páginas eran estáticas, con muy pocas actualizaciones, sus animaciones se basaban en archivos de Formato de Intercambio Gráfico (GIF, por su nombre en inglés, Graphics Interchange Format), la retroalimentación se dejaba a través del libro de visitas o *guestbook*. En otras palabras, la "web 1.0", era de solo lectura. Por lo general, se hace referencia a la época entre los años 1990 y 2000.

La web 2.0

El término web 2.0, no se refiere a una actualización de las especificaciones técnicas de la web o del Protocolo de Transferencia de Hipertextos (HTTP, por sus iniciales en inglés, Hypertext Transfer Protocol). La web 2.0, es una nueva forma de ver las cosas en la web. El concepto web 2.0 describe los sitios web que hacen énfasis en el contenido generado por el usuario, la usabilidad y la interoperabilidad. De acuerdo con Tim O'Reilly en su artículo "What is Web 2.0"– http://www.oreilly.com/pub/a/web2/archive/what-is-web-20.html, el término fue popularizado por él y Dale Dougherty en la conferencia "O'Reilly Media Web 2.0" a finales del 2004 (O'Reilly, 2005). Esta nueva forma de ver la web, permite a los usuarios interactuar y colaborar entre sí, generando un dialogo social como miembros de una comunidad virtual. Allí radica la principal diferencia entre la "web 1.0" y la "web 2.0", en la primera, las personas se limitaban a la observación pasiva de los contenidos, mientras que en la segunda, el usuario es el protagonista, es quien crea el contenido, lo comparte, crea impacto y genera retroalimentación, creando así relaciones sociales y una comunidad virtual, que reside netamente en la web. Esta nueva forma de ver las cosas, usa la "web" como plataforma y sitio de encuentro. La web 2.0, por consiguiente, está conformada principalmente por los sitios web que facilitan la publicación de contenidos, como *blogger* (un servicio web que facilita la creación y publicación de una bitácora en línea), las redes sociales como Facebook, Instagram, Twitter, los sitios web de colaboración conocidos como Wikis, así como también, los sitios web de alojamiento de fotos y videos como Flickr y YouTube.

Ilustremos un poco el concepto "web 2.0" en la práctica. Veamos, por ejemplo, cómo nació el ahora popular sitio web YouTube, (un sitio en el cual los usuarios pueden subir y compartir videos). "Me at the Zoo", es decir, "Yo en el Zoológico", fue el primer video subido a YouTube – https://youtu.be/jNQXAC9IVRw. Fue montado por su cofundador Jawed Karim, el sábado, 23 de abril de 2005. De acuerdo con el sitio web "Everything Explained Today", es decir, "Todo explicado hoy", en su artículo "Me at the zoo explanined" – http://everything.explained.today/Me_at_the_zoo/, fue el periódico "Los Ángeles Times", un periódico de circulación diaria y de larga data en California, en los Estados Unidos, el cual destacó como este video marcó un antes y un después en la forma en cómo los cibernautas consumen los medios de comunicación. Para la fecha en que se escriben estas líneas, junio de 2015, este video ha recibido más de 24 millones de vistas y más de 147 mil comentarios. Unas estadísticas extraordinarias, para un video que dura menos de 20 segundos. Ahora bien, *¿quiénes son los protagonistas?, ¿quiénes generaron todos los comentarios?* Una sola respuesta, los cibernautas, es decir, los usuarios finales, ávidos de ser protagonistas de su propia historia. Pero, la web también estuvo allí, ahora, desde otra perspectiva, como plataforma, como punto de encuentro.

El poder de la plataforma web quedó al descubierto, después de que fuera usada deliberadamente en la primera campaña hacia la Casa Blanca por el actual presidente de los Estados Unidos, Barack Obama. Así lo deja plasmado Claire Cain Miller en su artículo "How Obama's Internet Campaign Changed Politics" publicado en el New York Times, un periódico de renombre y gran importancia en los Estados Unidos, es decir, ¿cómo la campaña en Internet de Obama Cambió la política? – http://bits.blogs.nytimes.com/2008/11/07/how-obamas-internet-campaign-changed-politics/?_r=1. La señora Miller describe cómo la campaña de promoción del candidato usó las herramientas web 2.0 y sacó provecho de su interactividad y conexión para llegar directamente a millones de personas, cambiar la forma de organizar partidarios, promocionarse con sus votantes, y defenderse en contra de ataques (Miller, 2008). Un año después, así lo confirma Tim O'Reilly en su artículo "Web Squared: Web 2.0 Five Years On"– http://www.web2summit.com/web2009/public/schedule/detail/10194 citando los ejemplos de la vida real para ilustrar el poder de la web 2.0, y señalando como la Internet puede ser usada para transformar la política (O'Reilly & Battelle, Web Squared: Web 2.0 Five Years On, 2009). Sin duda, queda claro que la gente está conectada a Internet, y muchas veces, en mayor proporción de lo que nos damos cuenta. Es decir, la primera cosa conectada a Internet, no son los dispositivos, es la gente.

La revolución de bolsillo

La conexión de la gente con la web se incrementó exponencialmente con la revolución de bolsillo: los teléfonos inteligentes (*smartphones*, por su designación en inglés). Se dice que un teléfono es inteligente cuando puede ejecutar o llevar a cabo otras funciones que van más allá de una llamada de voz y enviar mensajes de texto corto o SMS (Short Message Service, por su nombre en inglés). Los primeros teléfonos inteligentes unificaron las funciones de las Asistentes Digitales Personales (PDA, Personal Digital Assistant, por su denominación en inglés), cámaras fotográficas y el Sistema de Posicionamiento Global o GPS. Sin embargo, fue el lanzamiento del revolucionario iPhone, por parte de Apple el 29 de junio de 2007, que realmente colocó el poder de un computador en las manos de la gente. Aunque esta primera versión del computador capaz de hacer llamadas no estaba capacitado para conectarse a Internet desde la red móvil, este profundizaba el vínculo entre el usuario y la web. Ahora bien, hemos avanzado tan rápido en este aspecto que, en la actualidad un teléfono celular inteligente: es aquel dispositivo que realiza muchas de las funciones de un computador, y que por lo general tiene una pantalla táctil, posee una interfaz de conexión a Internet y un sistema operativo capaz de descargar y ejecutar aplicaciones. Ahora gran parte de su inteligencia, depende de su conexión a la red, quiero decir, Internet. En la red circulan muchos memes (imágenes por lo general de buen humor, vídeo, pedazo de texto, etc. que se copia y que se extiende rápidamente por los usuarios de Internet) acerca de cómo los usuarios de Internet, expresan la sensación de no estar conectados a la red. Sin embargo, observe a continuación en la gráfica número 12 como mi propio hijo reacciona ante la ausencia del servicio de Internet.

Gráfica 12 - Sin Conexión a Internet

Ahora, veamos el otro extremo de la mano del humorista gráfico español, José María Nieto, en su columna gráfica "Fe de Ratas" del periódico www.abc.es de España, publicada el 19 de abril de 2014. Observe la gráfica número 13, "Enganchado en las redes sociales". De acuerdo a la página web http://stopphubbing.com, el *phubbing* es el término utilizado para describir el comportamiento donde una persona deja de prestar atención a su acompañante o al grupo con que se encuentra reunido, para sumergirse en las profundidades de la web, mediante la lectura de notificaciones de estado, correos de última hora, tuits de último minuto, etc., prestándole el 100

% de atención a su dispositivo inteligente e ignorando el resto del entorno donde se encuentra (Stopphubbing, 2012). Es una mala actitud, y por supuesto, es de mala educación. Es así como queda demostrado amigo lector, que aunque técnicamente son los dispositivos inteligentes (léase, teléfono inteligente, tableta o computadora personal, etc.) los que regularmente le permiten conectarse a Internet, son las personas, los usuarios, los primeros conectados a la dimensión web; de allí el sentimiento de naufragio ante la ausencia del servicio de Internet, del mismo modo que, pueden superponer esa dimensión a su propia realidad.

Gráfica 13- Enganchado en las Redes Sociales

Las redes sociales

Las redes sociales, entiéndase, aquellos sitios web dedicados a permitirle a sus usuarios comunicarse entre sí mediante la publicación de información, comentarios, mensajes, imágenes, videos, etc., revelan lo profunda de la conexión de la gente con la dimensión web. Facebook, la red social líder con más de 1300 millones de usuarios activos, lo expresa así en su pantalla de inicio de sesión en español: *"Facebook te ayuda a comunicarte y compartir con las personas que forman parte de tu vida"*. Después de las religiones, el vínculo que agrupa mayor número de personas, son las nacionalidades. En este sentido, si la red social Facebook se constituyera en un país, el número de usuarios activos es tan solo comparable con la población de China. Twitter, la red social que permite a sus usuarios enviar y recibir mensajes de texto de hasta 140 caracteres denominados tuits (*tweets*, por su nombre en inglés), jugó un papel importante en la Primavera Árabe permitiéndoles a sus ciudadanos trasmitir gran cantidad de información precisa y sin censura. La instantaneidad, literalmente le imprime una velocidad impresionante. La información es poder, y la gente se dio cuenta de que ellos eran la fuente de la noticia, en tiempo real. Las redes sociales han roto la barrera psicológica del miedo, ayudando a muchos a conectarse y compartir información.

Aparte de las personas, veamos qué otras cosas están conectadas a Internet. Aunque las tabletas (léase, una computadora personal portátil con una interfaz táctil en la que se interactúa con los dedos eliminando la necesidad de un teclado y un ratón, típicamente más pequeña que una *laptop*, pero más grande que un teléfono inteligente) ya existían en el mercado, fue después de la aparición del iPad, en el año 2010, tres años después que la revolución de bolsillo se iniciara con el iPhone, que las tabletas se convirtieron en un dispositivo revolucionario y popular.

La Internet de las cosas

El concepto web 2.0 dio cabida a que muchos otros dispositivos se conectaran a la red, entre ellos, las consolas de juegos, televisores inteligentes y demás electrodomésticos inteligentes. Así nació el Internet de las cosas (IoT – Internet of Things, por su nombre en inglés). El Dr. John Barret, autor de la conferencia TEDx "The

Internet of Things"— https://youtu.be/QaTIt1C5R-M, lo define como el próximo paso de la Internet y la web, donde el mundo físico y la web se conectan, creando La Internet de las Cosas (Barrett, 2012). La Internet de las cosas es la evolución de las aplicaciones móviles, del hogar y de una gran variedad de aplicaciones que conectadas a Internet, integran un gran poder de cómputo, y que con el análisis de datos se extrae información significativa para generar nuevas capacidades, unas nuevas capacidades tan solo limitadas por la imaginación. La IoT se refiere a la conexión de objetos cotidianos a la red. Donde una cosa o *thing*, en la Internet de las cosas, puede ser literalmente cualquier cosa: objetos, maquinas, electrodomésticos, edificios, vehículos, animales, personas, plantas, etc. Visualicemos mejor esas cosas: Un animal con un Biochip Transponder (un dispositivo electrónico que es inyectado bajo la piel del animal para proporcionar un número de identificación único, y medir desplazamientos y facilitar el inventario) en una granja de producción agropecuaria, un automóvil con sensores instalados para alertar al conductor de diferentes anomalías, como por ejemplo, cuando un neumático tiene baja presión, un flotante en un embalse o lago que trasmite los niveles de agua cada cierto tiempo, etc., de nuevo, la imaginación es el límite. Clarifiquemos aún más la idea con el concepto "hogares inteligentes" desarrollado por Samsung. Un hogar inteligente equipado con iluminación, calefacción, y electrodomésticos conectados e inteligentes que pueden ser controlados a distancia por teléfono, tableta o computadora— http://www.samsungdigitallife.com/Products.php.

Si la idea no queda clara todavía, le animo a ver el Video Samsung CES 2015: Inside the SmartThings Smart Home, del Espectáculo Internacional de la Electrónica y la Tecnología (CES - Consumer Electronics Show, por su calificativo en inglés) edición 2015 disponible en YouTube— https://youtu.be/FTiFt9mplCE. Como imagino se habrá podio dar cuenta, la "Internet de las cosas" ya es una realidad. Una realidad que cobra gran importancia dado que cada día aparecen nuevos sensores y equipos inteligentes que comienzan a interoperar a través de Internet, cambiándonos y facilitándonos la vida significativamente (Samsung, 2015).

Es necesario resaltar que después de que la revolución de bolsillo (léase, la masificación de los dispositivos móviles: teléfonos inteligentes y tabletas) tomara su lugar en la sociedad moderna, gran parte de los cambios en la web han sido transformar las páginas web existentes, a ser adaptables y con capacidad de visualización correcta en los dispositivos móviles. Recordemos que las pantallas de los dispositivos móviles son aproximadamente un quinto (1/5) del tamaño de las pantallas de las computadoras de escritorio. El concepto Mobile-Friendly apareció de la mano de Google, la compañía multinacional americana especializada en productos y servicios relacionados con Internet, la creadora del poderoso y popular motor de búsqueda Google. Google, empezó a notificar a los administradores de páginas web (Webmasters, por su nombre en inglés), los problemas de usabilidad de las páginas web en dispositivos móviles.

La web 3.0

Espero estimado lector, que usted esté familiarizado con la siguiente frase: "Winter is coming", es decir, "Se acerca el invierno". Ese es el lema de la Casa Starks en una popular serie de TV llamada "The Game Of Thrones", es decir, "El juego de tronos", transmitida por HBO (Home Box Office, por su nombre en inglés), uno de los canales de televisión por cable y satélite más populares en los Estados Unidos y Latinoamérica. El significado de estas palabras es de advertencia y de vigilancia constante. Los Starks, siendo los señores del norte, se esfuerzan por estar siempre preparados para la llegada del invierno, que siempre golpea sus tierras de forma hostil. Haciendo la similitud con la serie "The Game Of Thrones", "La web 3.0 is coming", es decir, "Se acerca la web 3.0". El término fue acuñado por allá en el año 2006 por

John Markoff en su artículo “Entrepreneurs See a Web Guided by Common Sense”, es decir, “Los emprendedores ven una web guiada por el sentido común”, publicado en el New York Times, el 12 de noviembre de 2006— http://www.nytimes.com/2006/11/12/business/12web.html?_r=0&ei=&adxnnl=1&pagewanted=1&adxnnlx=1434297965-rsYygmY7tbKolPY4RS3HqQ. En dicho artículo, el periodista Markoff explica entre muchas otras cosas, que el objetivo de la web 3.0 era agregar una capa de significado a la parte superior de la web existente, agregarle inteligencia artificial, para hacerla ver menos como catálogo y convertirla más en una guía, proporcionando la base para sistemas que puedan razonar de manera más humana (Markoff, 2006). Aunque no hay un acuerdo tácito de lo que el término web 3.0 significa, pues sus proponentes difieren si el término debe estar vinculado a una línea de tiempo (tipo Windows 95, Windows 98 y Windows 2000), a una tecnología en particular o a una web semántica. Tal discusión quedó registrada por Tim O’Reilly en su artículo “Today’s Web 3.0 Nonsense Blogstorm” – http://radar.oreilly.com/2007/10/todays-web-30-nonsense-blogsto.html, publicado en octubre de 2007 (O’Reilly, Today’s Web 3.0 Nonsense Blogstorm, 2007).

La web 3.0, sin duda, estará compuesta por una nueva generación de servicios más intuitivos e inteligentes. Personalmente, me inclino por vincular el término al concepto de la “web semántica”, que está en pleno desarrollo por parte del Consorcio World Wide Web (W3C), la comunidad internacional que desarrolla estándares que aseguran el crecimiento de la web a largo plazo. La presencia de elementos semánticos en HTML5 (Hypertext Markup Language Version 5, por su denominación en inglés), quiero decir, el lenguaje que se emplea para el desarrollo de páginas web, independientemente de si la web semántica se vuelve tendencia o no, el lenguaje de etiquetas que posibilitan construir la web, ya incluye elementos semánticos. Pero, ¿qué tiene de extraordinario la web semántica? De acuerdo con el consorcio W3C, en su “Guía breve de web semántica”, la web semántica “*es una Web extendida, dotada de mayor significado"* (W3C, 2015). Si buscamos el significado de la palabra *semántica* en el Diccionario de la Real Academia Española, nos daremos cuenta que significa: *"perteneciente o relativo a la significación de las palabras".* (RAE, Semántica, 2016). De allí que sería posible encontrar respuestas a las preguntas de forma más rápida y sencilla gracias a una información mejor definida. Este tipo de web ayudaría a resolver problemas importantes permitiendo a los usuarios delegar tareas sobre el *software*. Entonces, si el *software* hace el trabajo, estaríamos hablando de que procesaría, combinaría y razonaría el contenido realizando deducciones lógicas para resolver problemas cotidianos automáticamente. Como resultado, se obtendría la inteligencia artificial que menciono el señor Markoff en su artículo "Una web guiada por el sentido común".

5
El problema

Lo que revelan las noticias

De acuerdo con Peter Elkind, en su artículo "Inside The Hack Of The Century", publicado en la revista Fortune en su versión impresa el primero de julio de 2015 y disponible en línea en el siguiente enlace: http://fortune.com/sony-hack-part-1/, fue durante la mañana del lunes 24 de noviembre de 2014, que el video "Hacked by #GOP", con un particular mensaje apareció intempestivamente en todos los computadores de la red corporativa de Sony Pictures Entertainment, la corporación multinacional japonesa Sony Corporation, mejor conocida como Sony, en señal de que habían sido *hackeados* (Elkind, The Sony Hack Part 1, 2015). Nadie dentro o fuera de la corporación imaginaba el impacto que este evento tendría. Después de todo, Sony había sido víctima de los *hackers* en oportunidades anteriores. Lea a continuación mi traducción al español del mensaje colocado en el video *Hacked by #GOP*:

Advertencia:

> *Nosotros ya te lo advertimos, y esto es solo el comienzo.*

Continuaremos hasta que nuestra solicitud sea satisfecha.
Hemos obtenido todos sus datos internos, incluyendo sus secretos y ultra secretos.
Si usted no nos obedece, vamos a publicar los datos que se muestran a continuación al mundo.
Determine qué va a hacer hasta noviembre 24, 11:00 PM (GMT).
Publica una dirección de correo electrónico y la siguiente frase en su Twitter y Facebook, y nos pondremos en contacto con la dirección de correo electrónico.
¡Muchas gracias a Dios! Apóstoles que contribuyen a su gran esfuerzo por la paz del mundo.
Incluso si trata de buscar quienes somos, todos sus datos serán liberados a la vez.

Enlace de datos:

https://www.sonypicturesstockfootage.com/SPEData.zip
http//:dmiplaewh36.spe.sony.com/SPEData.zip
http://www.ntcnt.ru/SPEData.zip
http://www.thammasatpress.com/SPEData.zip
http://moodle.universidadebematech.com.br/SPEData.zip

Ahora, observe en la gráfica número 14, una captura de pantalla del video que los *hackers* (quiero decir, los ciberdelincuentes) lograron colocar en todos los computadores de las oficinas principales de Sony Pictures, en la ciudad de Culver, en el estado de California, Estados Unidos.

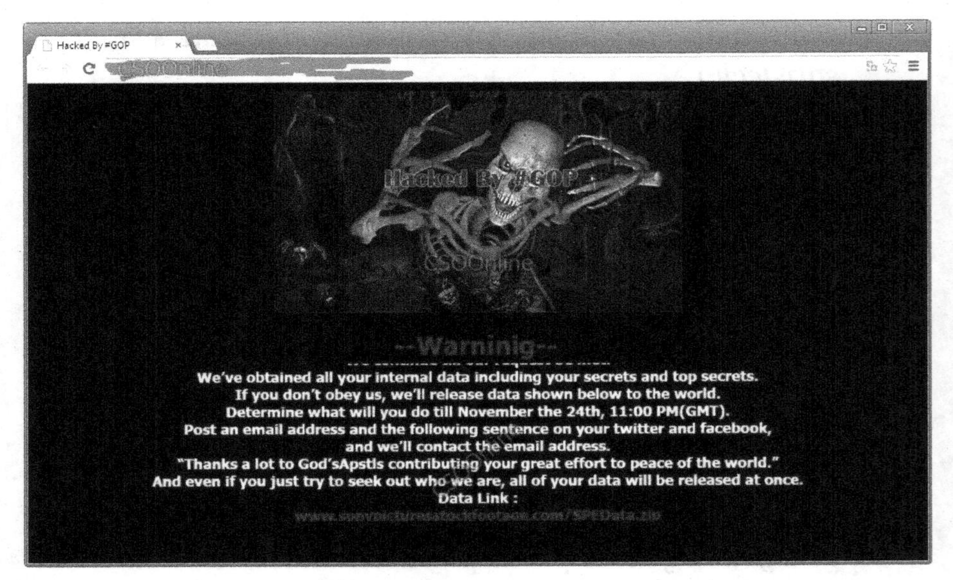

Gráfica 14 - Mensaje de los Guardianes de la Paz #GOP (Online, 2014)

La imagen es una cortesía de CSO Online, tomada de su artículo “Hackers suggest they had physical access during attack on Sony Pictures” http://tinyurl.com/hu9v3m3 de Steve Ragan, publicado el 25 de Noviembre de 2014. CSO Online - http://www.csoonline.com, es una compañía que proporciona noticias, análisis e investigación en una amplia gama de temas de seguridad y gestión de riesgos.

Así saltaron a la palestra pública los autodenominados “guardianes de la paz”, (GOP, Guardians of Peace, por su nombre en inglés), el grupo de cibercriminales que ejecutaron el ataque a la red corporativa de Sony Pictures Entertainment. Tres días después, el desprestigio y el bochorno colocaron la reputación de Sony por el piso, al confirmarse que cinco películas de Sony, incluyendo cuatro que aún no habían sido liberadas al mercado, estaban disponibles para su descarga en algunos sitios web de intercambio de archivos. Desde entonces, la pesadilla para Sony, no ha hecho sino incrementarse, los “guardianes de la paz” han estado publicando correos, documentos, archivos y demás datos confidenciales de Sony. Para muestra, un botón. El 16 de abril de 2015, WikiLeaks, un sitio web dedicado a publicar informes anónimos e información filtrada preservando el anonimato de sus fuentes, colocó para su consulta, parte de la información robada a Sony, en la siguiente dirección web https://wikileaks.org/sony/docs/.

Los problemas de Internet

Vale la pena recordar que: *"Es cierto que Internet tiene problemas, problemas muy graves, problemas con la seguridad y problemas con la privacidad"*, son palabras de Mikko Hypponen, experto en seguridad informática, extraídas de la conferencia TED *"La lucha contra los virus, la defensa de la red"*, la cual vimos en detalle en el capítulo 1, de este libro, denominado "Conociendo la red".

De la misma forma que los ataques terroristas al Centro Mundial de Comercio (World Trade Center o WTC, por su equivalente en inglés) de Nueva York y el Pentágono durante el año 2001 dejaron de manifiesto la vulnerabilidad de los Estados Unidos en términos de seguridad, el caso Sony, o simplemente "The Sony Hack", como se conoce en inglés, no solo revela las vulnerabilidades de la Corporación Sony como organización, adicionalmente, revela la extraterritorialidad de la ciberdelincuencia y los problemas señalados por el experto Hypponen, inherentes al uso de Internet. Sin duda, la amenaza cibernética es una realidad.

Conviene identificar concretamente qué conforma la Corporación Sony, para tener una visión clara sobre quién estamos hablando. De acuerdo con la información disponible en su sitio web, las operaciones comerciales de Sony incluyen: dispositivos electrónicos y móviles, música, servicios digitales, películas y televisión, juegos y otros negocios como biotecnología. Hablamos de una compañía que en su misión corporativa expresa una *"pasión ilimitada por la tecnología, los contenidos y servicios, y la búsqueda incesante de la innovación".* (Sony Corporation, 2016). Si la idea no queda clara aún, piense en la consola de juegos PS3 o PS4, los computadores portátiles Sony VAIO, las cámaras videograbadoras digitales Sony, entre muchos otros dispositivos electrónicos. En resumen, se trata de uno de los principales fabricantes de productos electrónicos para los mercados de consumo y profesional. Deduzca usted estimado lector, si los ciberdelincuentes pudieron apagar las operaciones de la red corporativa de Sony por más de cinco días, y peor aún, revelar al mundo películas, secretos comerciales, correos e información confidencial de todo tipo, entonces, ¿qué oportunidades reales de salir ilesos hay para el usuario doméstico o del hogar? (SOHO – Small office or Home Office, por su nombre en inglés).

El caso Sony, ilustra de manera ejemplar lo que puede llegar a sucederle a una organización que ignora parcial o totalmente los problemas graves de seguridad y privacidad que tiene Internet. Con esto no se intenta afirmar que la corporación Sony no tenía controles y procedimientos de seguridad informática establecidos, lo que se quiere decir, es que los controles y procedimientos de seguridad existentes, no fueron suficientes. Que, si los tenían, en algo fallaron. La realidad indica, irremediablemente, que la corporación Sony tendrá que aprender de forma reactiva, respondiendo a un evento catastrófico, en lugar de adelantarse a él. Créame, para muchos directores y gerentes, la proactividad es muy cara o no va alineada con el negocio. De igual manera, la seguridad informática es muy cara, hasta que sucede un evento mayor. Para entonces, ya no hay presupuesto, entrenamiento ni tecnología que valga, cuando el daño ya está hecho. Si esta realidad es ruda y amarga para organizaciones que respiran tecnología, y que sin duda cuentan con personal calificado y especializado en conceptualizar, diseñar, crear, probar y comercializar dispositivos y servicios electrónicos, y que adicionalmente, cuentan con personal enfocado en tan solo velar por la continuidad del negocio, entiéndase hacerle frente a eventualidades mayores como la ilustrada en el caso Sony, imagine usted, la desventaja que presentan los usuarios que no pertenecen a una organización de tal envergadura, y que por consiguiente, poco o nulo entrenamiento o adiestramiento han recibido para minimizar los riesgos inherentes al uso del computador con conexión a Internet. En las organizaciones, se les puede echar la culpa a los directores ejecutivos, directores de sistemas, gerentes de sistemas y se pudiera decir, que hasta jefaturas de sistemas, dependiendo del tamaño y envergadura de la organización, pero, adivine usted, ¿a quién podemos echarle la culpa cuando el dueño y señor de la operación del computador y de su conexión a internet es usted?

Pero, ¿qué particularidad tiene el caso Sony, si la corporación Sony no fue la única organización atacada y comprometida en su seguridad informática por los ciberdelincuentes? No es la primera vez que un evento de esta naturaleza se registra en las noticias. Otras organizaciones como EBay, Target, Home Depot, Google Communications, Apple iCloud, Evernote Technology, J.P. Morgan Chase, Yahoo Mail Communications y otras, fueron víctimas de ciberataques y comprometidas en su seguridad informática durante el año 2014, tan solo en los Estados Unidos, de acuerdo con Riley Walters en su artículo "Cyber Attacks on U.S. companies in 2014", publicado en la sección de investigación en el sitio web "The Heritage Foundation" en octubre de 2014— http://www.heritage.org/research/reports/2014/10/cyber-attacks-on-us-companies-in-2014 (Walters, The Heritage Foundation, 2014).

La verdad, es que de la misma forma en que la ley patriota (USA PATRIOT - Uniting and Strengthening America by Providing Appropriate Tools Required to Intercept and Obstruct Terrorism, por su nombre en inglés) fue aprobada por el congreso, y firmada por el presidente de los Estados Unidos, George W. Bush, en octubre de 2001, para reforzar los controles de seguridad como respuesta a los atentados terroristas de septiembre del mismo año, el presidente Barack Obama, actual presidente de los Estados

Unidos, firmó una orden ejecutiva en enero de 2015 para combatir los ataques cibernéticos tal y como se desprende del artículo "Nuestra última herramienta para combatir ciberataques: Todo lo que necesita saber". (Our Latest Tool to Combat Cyber Attacks: What You Need to Know, por su título en ingles) - publicado por Michael Daniel en el sitio web de la Casa Blanca, el primero de abril del 2015 – https://www.whitehouse.gov/blog/2015/04/01/our-latest-tool-combat-cyber-attacks-what-you-need-know (Daniel, The White House, 2015). Aunque la imagen que apareció en los computadores de Sony fue firmada por el autodenominado grupo #GOP "guardianes de la paz", la orden ejecutiva firmada por el presidente Obama, dice responder a las acciones provocativas, desestabilizadoras, represivas y políticas del Gobierno de Corea del Norte, incluyendo su destructivo y coercitivo ataque cibernético contra Sony Pictures Entertainment y sus amenazas en contra de las salas de cine y cinéfilos. Constituyéndose la película "La entrevista" (The Interview, por su nombre en inglés), una comedia política, la pieza cinematográfica que dio origen al ya famoso ciberataque propinado a Sony Entertainment Pictures. Pero no se confunda, no se pretende demostrar si hay o no una guerra fría cibernética entre Estados Unidos, Corea del Norte y el resto del mundo. Aunque, en la actualidad ya muchos discuten sobre las posibilidades de la "Guerra Cibernética", solo se quiere revelar a través del análisis de las noticias, como el ciberespacio ha dejado de ser ese lugar maravilloso e increíble de intercambio de información, para convertirse en un mundo mucho más hostil cibernéticamente hablando, donde el usuario doméstico o del hogar se encuentra en una real desventaja, léase, riesgo.

Recordemos que el primer requisito para resolver un problema, es reconocerlo. Observe a continuación en la siguiente gráfica como el presidente de los Estados Unidos reconoce públicamente el problema a través de la red social Twitter: *"Si vamos a estar conectados, entonces necesitamos estar protegidos". – Presidente Obama #Ciberseguridad"* (Obama, 2015). Tuit publicado en la cuenta @BarackObama el 12 de enero del 2015 – https://twitter.com/BarackObama/status/554691248540241920.

Gráfica 15-"Necesitamos Estar Protegidos" @BarackObama

El gran punto de encuentro

"No ponga todos los huevos en la misma canasta", es una frase muy usada por economistas y asesores financieros para orientarle a invertir en diferentes opciones para minimizar los riesgos. En la era de la información, vamos en dirección opuesta. En casi todos los aspectos de nuestra vida cotidiana, en alguna manera se conectan con la Internet, bien sea de manera directa o subyacente. He allí el problema. Las mismas redes que usamos y de la que dependemos para recibir y proporcionar muchos aspectos de nuestras vidas, son vulnerables a los ciberataques. La Internet, la red de redes, nuestro gran único punto de encuentro, nuestro gran proveedor de servicios, no es segura.

6

Conociendo al enemigo

La conciencia de un *hacker*

Es probable que no podamos cambiar la forma como el mundo funciona, pero, si comprender como funciona y la manera que no, y así ayudarnos a reconocer y evitar las trampas típicas y elegir una postura de seguridad más apropiada en respuesta a las amenazas existentes en el entorno. Resulta obligatorio citar lo que se conoce como el manifiesto *hacker* como primer acercamiento de lo que pudiéramos considerar, conocer al enemigo. "La conciencia de un *hacker*" es un pequeño ensayo escrito en enero de 1986. Fue escrito por Loyd Blankenship, conocido para entonces con el seudónimo "The Mentor". El manifiesto está escrito en inglés, y todavía está disponible a través del sitio web: http://www.phrack.org/issues/7/3.html#article. Aunque existen algunas traducciones al español circulando en Internet, estas tienden a cambiar levemente el sentido del manifiesto. A continuación, mi propia traducción:

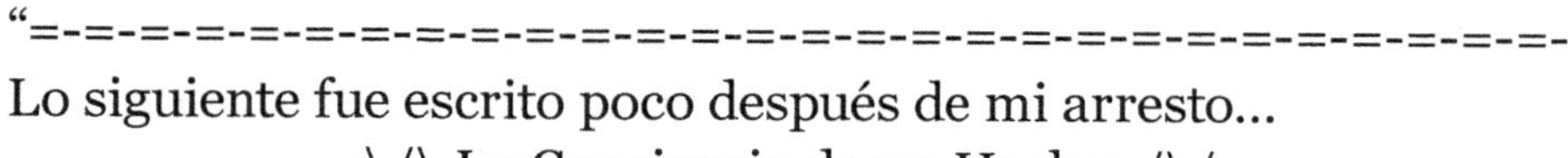

Lo siguiente fue escrito poco después de mi arresto...

\/\ La Conciencia de un Hacker /\/

Por

+++ EL Mentor +++

Escrito el 8 de Enero de 1986.

=-

Otro fue capturado hoy, está en todos los periódicos. "Adolescente arrestado en escandaloso crimen Informático", "*Hacker* arrestado por irrumpir en un sistema bancario"...

Malditos muchachos. Todos son iguales.

¿Pero pueden, en su psicología barata y mentalidad de 1950, alguna vez echar un vistazo detrás de los ojos de un hacker? ¿Te has preguntado alguna vez qué es lo que lo movió, qué fuerzas lo formaron, lo que podría haberlo moldeado?

Yo soy un hacker, entra en mi mundo...

El mío es un mundo que comienza con la escuela... Yo soy más inteligente que la mayoría de los otros niños, estas estupideces que nos enseñan me aburre...

Malditos Subrealizados. Son todos iguales.

Estoy en la escuela secundaria o bachillerato. He escuchado a los profesores explicar por decimoquinta vez como reducir una fracción. Yo lo entiendo. "No, Señora Smith, no mostré mi trabajo. Lo hice en mi cabeza...

Maldito muchacho. Probablemente se lo copió. Son todos iguales.

Hice un descubrimiento hoy. Encontré un computador. Espera un segundo, esto es lo máximo. Hace lo que yo quiero que haga. Si se comete un error, es porque yo me equivoqué. No porque no le gusto...

O se siente amenazado por mí...

O piensa que soy un idiota inteligente...

O no le gusta la enseñanza y no debería estar aquí...

Maldito Muchacho. Todo lo que hace es jugar. Son todos iguales.

Y entonces sucedió... una puerta abierta a un mundo... corriendo a través de las líneas telefónicas como la heroína a través de las venas de un adicto, un pulso electrónico es enviado, se busca un refugio de las incompetencias del día a día... una tarjeta es encontrada.

"Esto es... esto es donde yo pertenezco..."

Conozco a todos aquí... aunque yo nunca los haya conocido, nunca hablé con ellos, o nunca vuelva a escuchar de ellos otra vez... A todos los conozco...

Maldito Muchacho. Ocupando la línea telefónica de nuevo. Son todos iguales...

Puedes estar bien seguro, todos somos iguales... hemos estado siendo alimentados con cucharilla con comida para bebé cuando estábamos hambrientos de carne... los pedazos de carne que dejaron escapar estaban premasticados y sin sabor. Hemos estado dominados por sádicos, o ignorados por los apáticos. Los pocos que tenían algo que enseñar, encontraron en nosotros alumnos dispuestos, pero esos pocos son como gotas de agua en el desierto.

Este es nuestro mundo ahora... el mundo del electrón y el switch, la belleza del baudio. Hacemos uso de un servicio que ya existe sin pagar por algo que podría ser muy barato si no fuese operado por especuladores glotones, y nos llaman criminales. Nosotros exploramos... y ustedes nos llaman criminales. Buscamos detrás del conocimiento... y ustedes nos llaman criminales. Nosotros existimos sin color de piel, sin nacionalidad, sin prejuicios religiosos... y ustedes nos llaman criminales. Ustedes construyen bombas atómicas, ustedes hacen las guerras, asesinan, engañan, y nos mienten a nosotros y tratan de hacernos creer que es por nuestro propio bien, y aun así, nosotros somos los criminales.

Sí, soy un criminal. Mi crimen es la curiosidad. Mi crimen es el de juzgar a las personas por lo que dicen y piensan, no por lo que parecen. Mi crimen es ser más inteligente que ustedes, algo por lo que nunca me perdonaran.

Yo soy un hacker, y este es mi manifiesto. Usted puede poner fin a este individuo, pero no nos puede parar a todos nosotros... después de todo, todos somos iguales.

+++ El Mentor +++

=-"

(Blankenship, 1986).

Un *hacker* solía ser una persona que tenía mucha curiosidad por entender como las cosas realmente funcionaban, y que invertía su tiempo y energía en separarlas (entiéndase, desarmarlas y entenderlas), para luego volver a armarlas y posiblemente encontrar una manera de mejorarlas. Eso era lo que un *hacker* realmente era. Pero con el pasar del tiempo, las palabras *hacker* y *hacking* en general se han convertido en una especie de cosa mala. Se les adjudica una connotación negativa, debido principalmente, a como los medios de comunicación y la cultura pop los catalogan. Los artículos en periódicos y revistas sobre *hackers*, especialmente sobre los *hackers* malos, han hecho su trabajo. Adicionalmente, hemos visto películas sobre *hackers*, gente maliciosa que se infiltra en sistemas, para robar datos, dinero, y muchas otras cosas. En realidad y aunque suene contradictorio, el *hacking* se inició como algo bueno.

El *hacking* en la actualidad

En la actualidad, "hacking" significa atacar sistemas, redes, aplicaciones y sistemas operativos explotando sus vulnerabilidades, con la intención de obtener acceso no autorizado a datos o el sistema en sí. En general, los objetivos del *hacking* desde el punto de vista malicioso, son el robo, destrucción o alteración de datos. Lo que significa substraer los datos, cambiarlos en alguna manera o simplemente destruirlos. Otro objetivo podría ser obtener acceso no autorizado, es decir, infiltrar al sistema en sí mismo. Más allá de infiltrarlo, seria obtener privilegios administrativos y con ello obtener control total sobre la estación de trabajo o el sistema propiamente dicho. En fin, cualquier otra acción no autorizada que podría ser desde tan solo leer datos, hasta instalar un virus, puerta trasera o cualquier tipo de software malicioso con la intención de alterar el normal comportamiento de la computadora, red o sistema. Pero hay que decirlo, no todos los hackers son malos. Existen los Hackers Éticos, los buenos. Aquellos que usan su conocimiento, habilidades, técnicas y herramientas sobre hacking para demostrar que una vulnerabilidad de un sistema puede ser explotable, tan solo con el propósito de corregirla, si es posible, antes de que los malos se den cuenta y saquen provecho de ella. Visualícelo de la misma forma en que solemos ver a los funcionarios policiales, quienes necesitan conocer las herramientas y/o técnicas que los criminales usan para irrumpir en un negocio, casa u oficina, por ejemplo. Esto no significa que los funcionarios policiales van a hacer esas cosas. Ellos necesitan saber cómo los criminales trabajan, con la intención de poder deducir y establecer mejores procedimientos para atraparlos.

Clasificación de los *hackers*

"Si conoces al enemigo y te conoces a ti mismo, no necesitas temer al resultado de cien batallas. Si te conoces a ti mismo, pero no al enemigo, por cada victoria ganada también sufrirás una derrota. Si no conoces ni al enemigo ni a ti mismo, sucumbirás en todas las batallas" (Tzu, 1910). A juzgar por la cita previa, es evidente y necesario conocer a cabalidad al enemigo, para ser capaz de vencerlo. En ese sentido, conviene estudiarlo en profundidad. Los hackers pueden clasificarse de diferentes maneras, con base en la motivación que mueve sus ataques, las metas u objetivos que tratan de lograr, de qué lado se encuentran (bueno o malo), el nivel de sus habilidades, entre otros. Usemos a continuación la categorización incluida en el pénsum académico de la certificación profesional Hacker Ético del Consejo Internacional de Consultores de Comercio Electrónico, mejor conocido como el EC-Council.

- **Aprendices (*script kiddies*, por su nombre en inglés):** Es la categoría de los *hackers* novatos, los que se están iniciando en la actividad y están principalmente interesados en divertirse y probarse a sí mismos. Poseen poco conocimiento técnico y usan las herramientas hechas por otros. No escriben sus propios programas (*Script*, por su nombre en inglés), en su lugar, aprenden de los escritos por otros. *Kiddy* significa un niño pequeño, de allí su denominación en inglés, *Script Kiddies*. En la actualidad, esta categoría se incrementa vertiginosamente, debido a que en los últimos años, la generación "Milenio" (Los nacidos entre 1982 y 2000) tienen mayor contacto con la tecnología y están aprendiendo a programar mucho más rápido que su generación antecesora. Su principal motivación es divertirse y aprender a infiltrarse.
- **Atacantes (*hackers* de sombrero negro, *black hats*, por su nombre en inglés):** Estos son los *hackers* ofensivos, y usan sus habilidades y destrezas puramente para atacar objetivos con fines maliciosos. Si descubren una vulnerabilidad en un sistema, la usaran para sacarle provecho de alguna manera. Su motivación es dinero, revancha, crimen, terrorismo, activismo, etc. El sombrero negro, *Black Hat*, es usado como sinónimo y referencia a una mala persona, especialmente un villano en una película, novela, u obra de teatro. En cualquier caso, un *Black Hat*, es un *hacker* con malas intenciones.
- **Defensores (*hackers* de sombrero blanco, *white hats*, por su nombre en inglés):** Son típicamente aquellos que son *hackers* éticos, quienes conocen herramientas, técnicas, métodos y otras maneras de *hacking*, pero que usan sus habilidades y destrezas para

bien. Son los que usan su experiencia para defender la red, mejorar el perímetro, entrenar a usuarios finales y hacer los sistemas más seguros, a menudo llamados consultores, analistas o ingenieros de seguridad. Se diferencian de los "atacantes", porque si encuentran una vulnerabilidad en un sistema, solo la explotarán con el permiso del dueño y no divulgarán su existencia hasta que haya sido corregida. En la actualidad, hay una alta escasez de este tipo de personal especializado y calificado.

- **De Sombrero Gris (*grey hats*, por su nombre en inglés):** Lo primero que hay que decir en esta categoría, es que parece algo extraña. Se refiere a aquellos *hackers* que pueden ser buenos o malos, o ambos inclusive. En otras palabras, se refiere a aquellos *hackers* que fueron malos (*black hat*) en oportunidades anteriores, que hicieron su transición, y se reformaron a *hacker* éticos (*white hat*) ayudando a proteger sistemas o revelando métodos o técnicas. O el caso contrario. *White hats*, Analistas y/o Consultores de Seguridad que sucumbieron a la tentación del dinero, o que algo sucede, y entonces deciden tomar revancha en contra de una organización. *Grey hats*, es algo en el medio de *hacker* éticos y *hacker* atacantes, que pueden ser malos, buenos o ambos, y que siguen usando las mismas herramientas y técnicas para lograr sus objetivos.
- **Ciberterroristas (cyberterrorists, por su nombre en inglés):** Como su nombre lo indica, los ciberterroristas son *hackers malos*. Son grupos organizados con la intención de difundir temor, o alterar datos como medio para alcanzar sus metas. Su motivación puede ser religiosa, política, nacionalista o activista de cualquier causa. En todo caso, son los que creen que están haciendo lo correcto. Es realmente difícil separar los Hackers ofensivos de los ciberterroristas y activistas, todo depende de su técnica y del objetivo final que persiguen.

- **Patrocinados por el estado. (*state-sponsored hackers*, por su nombre en inglés):** Son los agentes entrenados, financiados y apoyados de una nación o Gobierno. Sus objetivos principalmente son el espionaje y la guerra cibernética, sin descartar el sabotaje de infraestructura o ataque selectivo de objetivos. Típicamente tienen un presupuesto generoso para financiar sus operaciones y poseen muchas habilidades porque son creados y entrenados por el Gobierno de una nación.
- **Activistas (*hacktivists*, por su nombre en inglés):** Por lo general son *ex-hackers* ofensivos que lo hacen por una causa. Este grupo tiende a lanzar ataques para difundir su particular mensaje, y posiblemente desfiguren sitios webs, revelen información sensible y causen ataques de denegación de servicio (DDS, *Denial of service attacks*, por su nombre en inglés). Un buen ejemplo de esta categoría es el ampliamente conocido grupo de *hackers* activistas, anónimos o anonymous.
- **Corporativos (*corporate hackers*, por su nombre en inglés):** Este grupo de Hackers atacan especialmente a corporaciones o compañías privadas en busca de secretos comerciales o propiedad intelectual. Cualquier cosa que les dé una ventaja competitiva sobre un competidor o compañía. Ellos pudieran tratar de chantajear a un director ejecutivo o a la compañía en su conjunto, o simplemente usen sus habilidades para robar dinero de la corporación. En esta categoría caen todos aquellos *hackers* que atacan a una corporación con el propósito de obtener revancha, dinero o ventaja competitiva.

Como se habrá podido dar cuenta, es bastante difícil en algunos casos de la clasificación dibujar una línea divisoria y decir este grupo o persona es específicamente ciberterrorista, activista o un *hacker* corporativo, algunas veces usted podrá ver que los *black hats* o *hacker* atacantes hacen todo eso en diferentes momentos, todo depende de la motivación y los objetivos. Los cuales son los parámetros que mejor nos ayudan a identificar qué tipo de *hacker* debemos enfrentar. Al final de cuentas, todos sin excepción, novato o experimentado, será un atacante del que vale la pena, aprender a defenderse.

Los *hackers* en otras disciplinas

Los *hackers* no son exclusivos de la computación, tecnologías de información o telecomunicaciones. Los curiosos están en todas partes. Preste atención a esta experiencia. Llegaba emocionado a las puertas de la Maternidad del Este ante la noticia que mi sobrina tenia pocos minutos de haber nacido. Eran aproximadamente las 8 de la noche, y el vigilante me indicaba donde podía estacionarme en la calle. Me baje del carro con el apuro de felicitar a mi cuñado por la llegada de su primogénita, conocer los detalles del parto, la salud de mi hermana, etcétera. Caminé por la acera hasta la puerta donde me esperaba mi cuñado con un trago de *whisky*, ¡a la salud de la Princesa! Pip, pip, sonó la alarma del carro. Todo transcurría normal hasta que la enfermera nos pidió unos insumos que habían solicitado. Acto seguido, me puse de pie, y al colocar mi mano derecha sobre el bolsillo del pantalón, supe que algo andaba mal. Recordé todo lo que había comprado, fue la razón por la que me había ausentado de la clínica. Había dejado las llaves dentro del carro. "¡Oh, oh! Están allí, míralas al lado de la bolsa". Así mi cuñado me confirmaba que había dejado las llaves dentro del carro. Ya no pensaba en lo que había pedido la enfermera. Después de otro *whisky* para calmar los nervios, llame a una amiga que me pudiera dar ideas de cómo resolver aquella situación. No era de vida o muerte, pero ya había pensado hasta romper uno de los vidrios del vehículo. Por suerte, cinco minutos después, mi amiga me devolvía la llamada informándome que ya había solicitado el servicio a la cerrajería *El Mago Merlín*, para que me ayudaran a abrir la puerta del carro. Cuarenta y cinco minutos después, le estaba dando la mano al profesional que me dejaría impresionado por su nivel de experiencia. Me dijo claramente: "Señor, mi trabajo es abrir el carro". Para eso lo llamamos amigo, respondí. "Cuanto tiempo me tarde, y como lo haga, esa es mi experticia. Evitaré en todo lo posible, dañar pintura, cerraduras, vidrios etcétera. ¿Queda claro?" *Okey*, respondí. Sacó su talonario, tomó nota de los detalles del vehículo, color, marca, modelo, año, placas, ubicación y una breve descripción de lo ocurrido. A continuación, firmé el talonario en señal de autorización para que procediera a trabajar. Guardó el talonario en su bolso de motorizado, y del mismo, sacó una herramienta de metal, una lámina en forma de "L", muy parecida a una escuadra de carpintería. Se acercó al vehículo justo hasta la puerta del chofer. Se paró de frente como si fuese a abrirla con la llave, pero en lugar de hurgar la cerradura, introdujo la herramienta entre el vidrio y la goma de la puerta del chofer, la movió levemente y haló. La puerta se abrió y empezó a sonar la alarma del vehículo. – ¡Listo! El trabajo está hecho, señor. Ya no tendrá que romper un vidrio — Comentó el cerrajero. Mi cuñado y yo nos vimos las caras, y aunque no dijimos nada, nuestras caras lo decían todo, habíamos quedado impresionados. Pagamos 20 mil bolívares por el servicio, unos 30$ aproximadamente. El cerrajero había evadido todos los sistemas de seguridad del vehículo en menos de un minuto. "Otro trago de *whisky* para celebrar" exclamo mi cuñado y continuo: "Este hombre se tardó más llenando el formulario, que abriendo el carro, este si es un profesional". Aquel brindis, en donde hasta el cerrajero participó, fue el inicio de una tertulia agradable en la que tuvimos la oportunidad de encontrar respuesta a muchas inquietudes que acababan de nacer, cuáles eran los vehículos más difíciles de abrir, tiempo promedio para abrirlos, qué sistemas de seguridad recomendaba, etc. En síntesis, aprendimos que el conocimiento y las herramientas van de la mano. Es decir, son elementos interdependientes para cualquier actividad. Aunque usted tenga el conocimiento, muy poco podrá hacer sin las herramientas, de la misma forma que, poco podrá avanzar en algo teniendo las herramientas, si en realidad, no tiene idea de cómo usarlas.

Las herramientas

Ahora que tiene idea clara de que motiva al enemigo, sería conveniente conocer de qué herramientas dispone. En el mundo del *hacking*, hay un montón de herramientas disponibles, de todos los tipos y sabores. Hay herramientas en Linux, Windows, Mac, Unix, BSD, etcétera. Muchas de estas son de un solo propósito, es decir, que solo funcionan en una plataforma, o que hacen una sola cosa, pero que la hace muy bien. Así como también hay herramientas multipropósito, que hacen de todo un poco, como por ejemplo, escanear la red, descubrir vulnerabilidades y explotarlas, todo desde una misma herramienta e interfaz de usuario. Existen herramientas comerciales o de pago, como por ejemplo, Core Impact Pro –www.coresecurity.com/core-impact-pro, CANVAS – www.immunitysec.com/, y Metasploit PRO – www.rapid7.com/products/metasploit/editions.jsp, así como también herramientas de código abierto que son gratis, de libre uso y tan efectivas como las comerciales, como por ejemplo BackTrack – www.backtrack-linux.org/ y Kali – www.kali.org/.

BackTrack revolucionó a nivel mundial el campo de la seguridad informática, agrupando la colección más grande de herramientas dedicadas a la seguridad en un solo paquete, convirtiéndose rápidamente en el kit fundamental de todo *hacker*, novato o experto.

Kali al ser una distribución dirigida especialmente a pruebas avanzadas de penetración y de auditoría de seguridad, se convirtió en el sucesor natural de Backtrack. Es importante resaltar que en el mundo del *hacking* no existe algo así como *"la mejor herramienta"*, la mejor herramienta es la que le funciona al *hacker* en su ataque. No hay manera de describirlas todas, pero el simple hecho que usted sepa que existen, ya es un avance en el mejoramiento de su actitud con respecto a la seguridad informática.

Las fuentes de conocimiento

Un atacante, cualquiera que sea, necesitará de las herramientas y el conocimiento para poder ser exitoso. Ya vimos cómo las herramientas están allí disponibles en la web, gratis y de libre uso. El conocimiento no es mayor problema en la era de la información. Toneladas de recursos están listos y disponibles para el aprendizaje en la web. Recordemos como Salman Khan, el fundador de la Academia Khan, usó el video para reinventar la educación. *"Usted puede aprender cualquier cosa. Gratis. Para todo el mundo. Para siempre."* Así lo recibe la publicidad del sitio web "Khan Academy" – https://www.khanacademy.org/, en la actualidad. Mención especial merece el sitio web Security Tube – http://www.securitytube.net/, considerado el "YouTube" de la seguridad de información. Un nuevo concepto de distribución y publicación de videos enfocados única y exclusivamente a contenidos sobre Seguridad de la Información. Adicionalmente, el popular sitio web YouTube brinda un sinfín de recursos disponibles al público las 24 horas del día, los 365 días del año. Sin mencionar, los sitios web de Instituciones encargadas de la formación de profesionales en Seguridad de Información tales como:

Infosec Institute – http://www.infosecinstitute.com/
Instituto SANS – https://www.sans.org/about/why-sans/
Instituto (ISC)2 – https://www.isc2.org/
EC-Council – http://www.eccouncil.org/
Charles Sturt University Free Courses – https://www.itmasters.edu.au/about-it-masters/free-short-courses/

El desafío

Ahora que está más familiarizado con el enemigo, que conoce parte de sus herramientas y fuentes de conocimiento, permítame informarle, estimado lector, que no hay manera de parar a los *hackers*. Cualquiera puede ser infiltrado ("hacked"), incluyendo a los expertos en seguridad informática. Lo más que podemos hacer, es ponerles obstáculos, para que su trabajo se torne más difícil. Muchas compañías que crean, respiran y viven la tecnología han sido infiltradas ("hacked") y comprometidas en su seguridad, aun teniendo herramientas, sistemas, controles y departamentos de profesionales especializados en seguridad de información dispuestos para la defensa de la organización. Es un hecho, las noticias están allí para confirmarlo. No, no intento atemorizarlo. Tan solo intento que esté consciente de los riesgos y piense como va a defenderse. Porqué literalmente, el que no sabe, es como el que no ve. Si usted no es consciente, no se podrá proteger. Una vez más, es muy probable que no podamos cambiar la forma como el mundo funciona, pero, comprender como funciona y la forma en que no, puede ayudarnos a reconocer y evitar las trampas típicas e impulsarnos en la búsqueda de las medidas de mitigación que mejoren considerablemente nuestra disposición sobre la seguridad informática, como respuesta a las amenazas existentes.

7
La capa 8

El modelo de referencia OSI

De acuerdo con Todd Lammle, en su libro *"CompTIA Network + Study Guide"*, fue a finales de 1970 cuando el Modelo de Referencia de Interconexión de Sistemas Abiertos (OSI - Open Systems Interconnection Reference Model, por su nombre en inglés), fue creado por la Organización Internacional de Estandarización (ISO – International Organization for Standardization, por su denominación en inglés) para ayudar a los desarrolladores y fabricantes de computadoras a crear *software* y dispositivos de red interoperables de manera que los productos de diferentes marcas (vendedores) pudieran trabajar bien juntos (Lammle, 2012). Para lograr ese objetivo, el modelo de referencia OSI describe cómo los datos y la información de red se comunican desde una aplicación en un computador a través de los medios de comunicación de la red hasta una aplicación en otro computador. El modelo rompe el enfoque en siete (7) capas, dividiendo y simplificando el proceso general en siete (7) procesos simples o individuales. El diseño modular significa que cada capa tiene muy poco que ver con el funcionamiento de las otras capas, y cada capa en el modelo confía que las otras hacen su trabajo. Cuando un sistema de comunicación está diseñado de esta manera, se le conoce como arquitectura en capas. A continuación, observe en la gráfica número 16, el "Modelo de referencia de interconexión de sistemas abiertos".

Gráfica 16 - Modelo de Referencia OSI

"El humor es una manera de hacer pensar sin que el que piensa se dé cuenta de que está pensando", una definición de humorismo de Aquiles Nazoa, escritor, periodista, poeta y humorista venezolano, gentilmente compartida por el también humorista y brillante articulista Laureano Márquez, en su artículo "El humor según Aquiles", publicado en el periódico "Tal cual" el 15 de marzo de 2013 — http://www.talcualdigital.com/Nota/83615/El-Humor-Segun-Aquiles (Marquez, 2013). Espero que usted reciba el mensaje. A continuación, observe la gráfica número 17, "Error 800". No, no hablaré de usted, tan solo me referiré al que suele estar sentado entre la silla y el teclado.

Gráfica 17 - Error 800

De acuerdo con Cisco Systems, la compañía de tecnología multinacional americana muy famosa por producir la mayoría de los *routers* (enrutadores) que interconectan las redes alrededor del mundo, en su Informe Anual de Seguridad 2015 — http://www.cisco.com/web/offers/lp/2015-annual-security-report/index.html, revela que los atacantes (entiéndase, los cibercriminales) están comprometidos en desarrollar nuevas técnicas para evadir y ocultar actividades maliciosas. Mientras que los defensores (entiéndase, los equipos de seguridad informática) deben constantemente mejorar su enfoque para poder ser capaces de proteger a la organización y sus usuarios, atrapados en el medio, están los usuarios. Que no solo se han convertido en el objetivo, sino también los han convertido en cómplices necesarios para habilitar ataques más sofisticados (Systems, 2015). En otras palabras, la manera como los usuarios se han convertido en el eslabón más débil de la cadena de seguridad informática. Adicionalmente, el Informe de Seguridad Cisco 2015 — https://www.cisco.com/web/offer/gist_ty2_asset/Cisco_2015_ASR.pdf, sirve de plataforma de lanzamiento del Manifiesto de Seguridad Cisco, donde los expertos en seguridad informática sugieren la implementación de cinco (5) principios básicos de seguridad, para enfrentar el abanico de amenazas existente. El manifiesto pretende ser una herramienta para ayudar a los equipos de seguridad informática y a los usuarios en sus organizaciones, a entender mejor y responder a los retos de seguridad cibernética del mundo actual. A continuación, la traducción de los principios de seguridad sugeridos por los expertos de Cisco:

1. La seguridad debe ser considerada como un motor de crecimiento para el negocio.
2. La seguridad debe trabajar con la arquitectura existente y ser utilizable.
3. La seguridad debe ser transparente e informativa.
4. La seguridad debe permitir la visibilidad y la acción apropiada.
5. La seguridad debe ser vista como un problema relacionado con la gente.

La capa 8: Los usuarios

Como comprenderá, la Capa 8, los usuarios, no fue prevista por los creadores del modelo de referencia OSI. No obstante en la actualidad, representa el "eslabón perdido". A juzgar por el principio: *"La seguridad debe ser vista como un problema relacionado con la gente,"* del recién estrenado manifiesto de seguridad, pues, como se observa en la caricatura, *"El problema está entre la silla y el teclado"*, es decir, nosotros, los usuarios. Hay que decirlo, nos incluye a todos. No todos los administradores de red, administradores de bases de datos, técnicos de soporte, gerentes de sistemas, etcétera, son expertos en seguridad. La ciberseguridad es un tema amplio y complejo, es imposible que una sola persona sea experto en todas las áreas. De allí que la educación del usuario, sea la panacea para enfrentar los retos de seguridad informática del mundo actual. Del mismo modo en que el cinturón de seguridad de un vehículo es poco efectivo, si el chofer del mismo decide no usarlo (acción que describe el comportamiento inseguro o irresponsable de un conductor), ningún *software* antivirus, *antispyware*, *firewall*, etcétera, podrá evitar que una computadora sea infiltrada o la identidad digital del usuario sea robada, si el usuario deliberadamente hace clic en enlaces poco confiables, abre archivos ejecutables que vienen adjuntos a correos electrónicos, instala *software* de dudosa procedencia, navega y cree ciegamente en todo lo publicado en Internet. Todas estas acciones, describen a un usuario con nulo o poco conocimiento acerca de las amenazas en materia de ciberseguridad.

No se quiere decir con esto, que no existen fallas técnicas en el *software*, *hardware* o productos existentes en el mercado. Esos problemas existen y son reales. El punto es que un usuario educado (léase, entrenado y atento a las amenazas de su entorno), será proactivo, estará informado y prevenido, permitiéndole en las primeras de cambio evitar las trampas típicas o en su defecto, reaccionar ante eventualidades como estas, disminuyendo considerablemente el impacto.

Nótese que al ser un manifiesto de seguridad que va dirigido al mundo empresarial, los usuarios domésticos quedan automáticamente excluidos de su alcance. Lo que quiero decir, es que aunque usted lo desee, al no pertenecer a una organización empresarial que adopte como política de seguridad dicho manifiesto, no recibirá información, adiestramiento ni mejores prácticas que lo ayuden a mejorar su comportamiento o hábitos al momento de interactuar con su computadora o navegar por la web.

Si recordamos la máxima del capítulo 6 - *Conociendo al enemigo: "no hay manera de parar a los hackers. Lo más que podemos hacer, es ponerles obstáculos"*, sin duda estimado lector, debo felicitarlo, el hecho de que usted ya esté leyendo estas líneas, le devuelve el poder. Educarse, en un tema tan complejo como la seguridad de información o ciberseguridad, se constituye, quizás, en el mayor de los obstáculos que como usuario regular de computadoras, puede poner en el camino de los cibercriminales. Puede que su acción no los erradique, pero con seguridad, hará que seleccionen a otro *target* como víctima.

8

Principios claves de la seguridad informática

La ecuación completa

De acuerdo con el libro *Guía Oficial CISSP* del Instituto de Referencia Mundial en Seguridad de Información, mejor conocido como (ISC)2 - (International Information Systems Security Certification Consortium, por su nombre en inglés), todo aspirante a obtener el Certificado Profesional de Seguridad de Sistemas de Información (CISSP, Certified Information Systems Security Professional, por su nombre en inglés), un certificado que es bien valorado por la industria, la academia y los gobiernos, debe aprobar el examen de certificación, y demostrar experiencia y conocimiento en al menos diez dominios acerca de la seguridad de información, los cuales se listan a continuación:

1. *Control de acceso – (Access Control).*
2. *Seguridad de redes y telecomunicaciones – (Telecommunications & Network Security).*

3. *Administración de la seguridad de información y gestión de riesgos - (Information Security Governance & Risk Management).*
4. *Seguridad en el desarrollo de software – (Software Development Security).*
5. *Criptografía – (Cryptography).*
6. *Arquitectura y diseño de seguridad – (Security Architecture & Design).*
7. *Seguridad de las operaciones – (Security Operations).*
8. *Continuidad del negocio y planificación de recuperación ante desastres – (Business Continuity & Disaster Recovery Planning).*
9. *Leyes, regulaciones, investigaciones y cumplimiento (Legal, Regulations, Investigations, and Compliance).*
10. *Seguridad física - (Physical Environmental Security) (Hernández, 2013).*

Certificarnos, claramente no es nuestro objetivo, pero ver la ecuación completa de la seguridad de información, ayuda a comprender la complejidad de este campo. En forma similar como los participantes de un curso de finanzas para no financieros, deben aprender conceptos básicos sobre las finanzas empresariales, en un libro dedicado a la seguridad informática, usted al menos debe asimilar lo que se conoce como la CIA de la seguridad de información. No, no me estoy refiriendo a la famosa Agencia Central de Inteligencia de los Estados Unidos, sino a la Confidencialidad, Integridad y Disponibilidad de la información. (CIA - Confidentiality, Integrity and Availability, por su nombre en inglés). Observe a continuación en la gráfica número 18, los principios de la seguridad informática.

Gráfica 18- Principios de la Seguridad Informática

La seguridad de la información

De acuerdo con la Organización Internacional para la Estandarización (ISO) y la Comisión Electrotécnica Internacional (IEC – International Electro Technical Commission, por su equivalente en inglés), organizaciones que participan en el desarrollo de estándares internacionales, en su documento número ISO/IEC 27001:2005 definen a la **Seguridad de la Información** como la *"preservación de la confidencialidad, integridad y disponibilidad de la información"*. Donde:

Confidencialidad es "la propiedad que esa información esté disponible y no sea divulgada a personas, entidades o procesos no-autorizados",

Integridad es "la propiedad de salvaguardar la exactitud e integridad de los activos", y la

Disponibilidad es "la propiedad de estar disponible y utilizable cuando lo requiera una entidad autorizada". (ISO/IEC, 2005).

Para que no queden dudas, veámoslo con un ejemplo. Si usted va al banco y deposita un millón de dólares ($1.000.000) en su cuenta de ahorros, seguramente no querrá que esta información llegue a malas manos. Es más, si un conocido le pregunta por ello, probablemente no le contestará o en su defecto, le dirá que tiene un monto mucho menor. *Confidencialidad* es que solo el banco y usted conozcan esa información. Debo decir que asumo que usted entiende el riesgo, y que no comparte esa información innecesariamente. La idea acerca de la confidencialidad, es que la información le pertenece, y usted no quiere que nadie más lo sepa. Continuando sobre el mismo ejemplo. La *integridad* está relacionada con la exactitud de la información. Imagine que usted después de un (1) año quiere saber cuánto dinero se ha ganado por concepto de intereses en su cuenta de ahorros y que para su sorpresa, tiene menos dinero de lo que depositó. La modificación no autorizada puede hacer que una información sea considerada alterada, corrupta o inexacta. Cualquier violación a la integridad de la información, dará lugar a la pérdida de la confianza. Cancelemos entonces las cosas malas, y volvamos al punto. La integridad, en este caso, está relacionada con la capacidad del banco de registrar las operaciones de abonos de intereses a su cuenta de ahorros acorde con los intereses pautados, y mantener un saldo coherente a las operaciones bancarias. La *integridad* asegura que la información es correcta y que no ha sido alterada por personas no autorizadas. Para finalizar el ejemplo, imagine que los intereses en su cuenta de ahorros son atractivos y usted decide utilizarlos. Cuando usted vaya al banco a retirarlos, lo menos que quiere encontrar es que el banco está cerrado, el sistema bancario no está operativo (no hay línea, el sistema está caído) o el telecajero está fuera de servicio. *Disponibilidad* significa poder utilizar los recursos cuando usted así lo requiera.

Entender y aplicar los conceptos de confidencialidad, integridad y disponibilidad son aspectos fundamentales al momento de hablar de la seguridad de la información, también conocida como Infosec, por su nombre en inglés, Information Security. El termino Ciberseguridad, que fácilmente puede relacionarse con cibercriminales y ciberamenazas, regularmente hace referencia a la información en formato digital, mientras que la seguridad de la información o Infosec, se refiere a la información en todas sus formas, en formato digital (archivos o medios electrónicos), física (escrita o impresa) y no representada (ideas o conocimientos). De allí que la seguridad de información tiene un alcance mayor que la ciberseguridad, es decir, la ciberseguridad está comprendida dentro de la seguridad de información. Resulta sensato mencionar que otros términos se suelen usar como sinónimo de la seguridad de información. Tenga en cuenta que términos como "Seguridad de Tecnologías de Información" (IT Security), "Seguridad Informática" (Computer Security) y "Seguridad de Datos" (Data Security), independiente de la definición, todos intentan resaltar que la información que se encuentra en la computadora casi siempre vale mucho más que la computadora donde se encuentra.

De acuerdo con la Real Academia Española (RAE), la palabra ***seguridad*** proviene del latín *securitas*, que a su vez proviene de *securus* (seguro), que significa *"libre y exento de peligro, daño o riesgo"*. http://lema.rae.es/drae/?val=seguro (RAE, 2016). Todos sabemos que el mundo no es perfecto y que desafortunadamente un mundo sin amenazas no existe, es decir, el riesgo es parte de nuestras vidas. De allí que la seguridad de información se enfoca realmente en la administración o gestión de riesgos.

De acuerdo con el libro *Guía Oficial CISSP de (ISC)2*, el (ISC)2 define la gestión de riesgos como *"una disciplina para vivir con la posibilidad de que eventos futuros pueden causar daño"*, y se afirma que *"la gestión del riesgo reduce los riesgos mediante la definición y control de las amenazas y vulnerabilidades"* (Hernández, 2013). Entonces, visto de una perspectiva diferente, podemos decir que la seguridad de información es la protección de la información de una amplia gama de amenazas, con el fin de garantizar la continuidad del negocio, reduciendo al mínimo el riesgo al mismo tiempo que se maximiza el retorno de inversión, que por ende se traduce en oportunidades para el negocio.

Sin importar cuál sea su negocio (entiéndase, ocupación, quehacer o trabajo), si usted emplea una computadora para gestionar sus proyectos o actividades, recuerde estas reglas fundamentales:

1. La seguridad de la información es todo acerca de la gestión de riesgos, es decir, qué riesgos evitar, transferir, mitigar, disuadir y aceptar.
2. Ninguna red es completamente segura.
3. Mientras más importante sea el activo, y más expuesto esté a las amenazas de seguridad, mayor cantidad de recursos se deben emplear para protegerlo.
4. El mundo no está libre de amenazas.
5. No hay manera de parar a los *hackers*.

El sistema de gestión de la seguridad de información

La seguridad de información va mucho más allá de instalar un antivirus o *suite* de seguridad, de establecer un servidor de seguridad o *firewall*, de asegurarse que los respaldos de información se hacen regularmente. Un *Sistema de Gestión de Seguridad de Información* o SGSI, se fundamenta en el ciclo de mejora continua: Planificar – Hacer – Verificar y Actuar (Plan – Do – Check y Act, por su nombre en Inglés), también conocido como el Ciclo de Deming. Un ciclo de mejoramiento continuo de cuatro pasos básicos. Su implementación sistemática traerá consigo el mejoramiento incesante de la calidad, la disminución de fallas, la resolución de problemas, el incremento de la eficiencia y la reducción de riesgos potenciales. De acuerdo con la "Organización Internacional para la Estandarización" (ISO), la norma ISO/IEC 27001:2005 literalmente especifica los requisitos para "establecer, implementar, operar, monitorizar, revisar, mantener y mejorar un sistema de gestión de seguridad de información", constituyéndose así como un estándar de seguridad de información basado en la gestión del riesgo (ISO/IEC, 2005). Como la gestión del riesgo encaja perfectamente con el modelo de mejora continua, la norma ISO/IEC 27001:2005 lo recomienda ampliamente, sin embargo, con la norma ISO/IEC 27001:2013, el usuario es libre de implementar cualquier metodología de mejora continua. Observe a continuación en la gráfica número 19, el modelo PHVA de mejora continua.

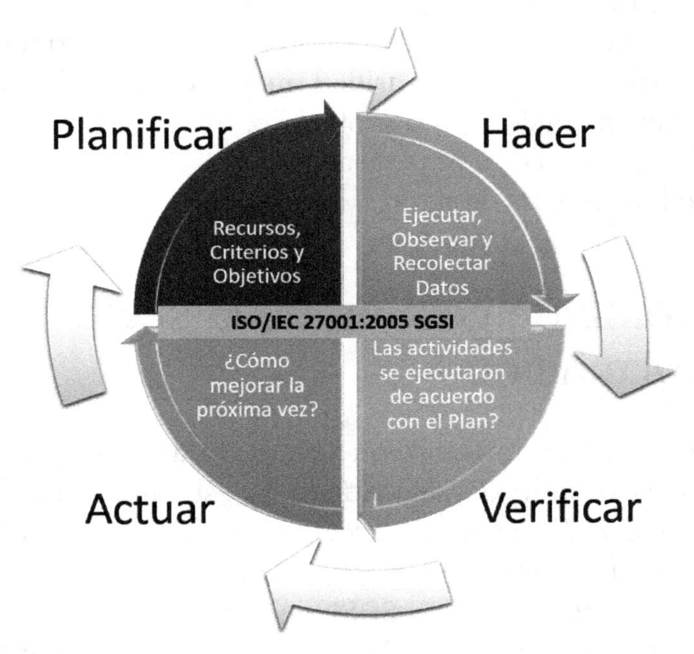

Gráfica 19-Modelo PHVA de Mejora Continua

Veámoslo a continuación con un ejemplo; apliquemos el modelo de mejora continua PHVA desde la perspectiva del escritor.

Planificar: La planificación es clave para definir las metas y los objetivos, y los métodos para cumplirlas, tomando en consideración los recursos con los que se cuenta. Volviendo al ejemplo, como meta, este libro fue concebido para ayudar a cualquier usuario final de computadoras a utilizarlas siguiendo las mejores prácticas en el uso seguro del computador, siendo uno de sus objetivos primordiales, enseñar al usuario regular de computadoras a asumir una postura de seguridad informática acorde a las amenazas de su entorno. ¿Qué hacer? Videos, charlas, foros, simposios, artículos, libros, etcétera. De todas las posibilidades, obviamente, se seleccionó un libro informativo. ¿Cómo hacerlo? Creando contenido didáctico en lenguaje llano y sin tecnicismos, para enseñar al usuario a tomar decisiones informadas al momento de usar el computador para aprovechar las potencialidades de Internet, al mismo tiempo que evade los peligros existentes en el uso de la red de redes, y en general, del mundo moderno.

Hacer: No es más que llevar a cabo todo lo planeado. Viene a ser la selección, investigación y desarrollo de los tópicos e ideas necesarias transmitir al usuario—lector—, para que sea consciente de los peligros existentes en la red.

Verificar: Una vez ejecutadas todas las actividades, la verificación no es más que una revisión de lo planeado. Desde el punto de vista de la escritura, la retroalimentación del corrector de estilo, el editor e inclusive los lectores beta forman parte del proceso de verificación. Estimado lector, mientras usted lee, es una prueba fehaciente de que se ejecutó lo planeado.

Actuar: La acogida del libro por parte de sus lectores y su retroalimentación, dará lugar a mejoras que naturalmente se cristalizarían en una segunda edición, pagina web o audio libro, etcétera.

De acuerdo con el sitio web "The W. Edwards Deming Institute"— https://deming.org/theman/theories/pdsacycle, el concepto y aplicación del ciclo de mejoramiento continuo PHVA fue diseñado por el Dr. Walter Shewhart, en los famosos laboratorios Bell de Nueva York, quien para su época, fue mentor del Dr. William E. Deming. Pero, fue el Dr. Deming, quien difundiera y popularizara el concepto HPVA, para el mejoramiento de la calidad en Japón, a partir del año 1950.

Imagino que se ha dado cuenta, estimado lector, que el modelo de mejoramiento continuo HPVA es algo que se puede usar en todas las áreas de nuestra vida personal, y que no es exclusivo de la seguridad de información. Cada actividad del ser humano, simple o compleja, se puede entonces enmarcar un proceso de mejora continua interminable. De su aplicación se deduce entonces que, si el objetivo es realista y se consideran todas las variables del entorno y se sigue la estrategia del concepto de mejoramiento continuo, la probabilidad de éxito es mayor.

9
Las amenazas más comunes

La ignorancia: La materia prima

De acuerdo con Erdal Ozkaya (www.erdalozkaya.com), el gurú australiano de la seguridad informática, hay dos tipos de usuarios finales, *"los usuarios que saben que han sido infiltrados ("*hacked*") y los usuarios que nunca creen que van a ser infiltrados"*. (Ozkaya, Free Short Course - Hacking Countermeasures, 2014). En casi todos los sistemas jurídicos, se aplica la regla de que la ignorancia de la ley no es excusa para su cumplimiento. En seguridad informática, la ignorancia es la materia prima para ser comprometido en su seguridad. Recordemos de nuevo el principio número cinco del recién estrenado manifiesto de seguridad Cisco: *"La seguridad debe ser vista como un problema de la gente"*. Sin duda, entonces, la mayor de las amenazas, se encuentra en la nula o poca educación en seguridad informática del usuario regular de computadoras. Si por alguna razón usted intenta desestimar esta amenaza, comparto con usted mi traducción de una popular frase en inglés de Derek Bok, "Si usted piensa que la educación es cara, pruebe la ignorancia – If you think education is expensive, try ignorance, by Derek Bok".

Allá afuera en el lado oscuro, las fuerzas del mal (los cibercriminales) están trabajando activamente para atacar a su próxima víctima. En ausencia de enemigos identificados de quien defenderse, y conociendo que la seguridad de información tan solo puede ayudarle a reducir, mas no eliminar, los riesgos verdaderos y crecientes del mundo actual, es de suma importancia conocer los agentes que pueden tener un impacto negativo en sus activos de información, entiéndase, computadora o dispositivos inteligentes y cualesquiera sean los proyectos que usted gestione en ellos.

De acuerdo con Symantec, la corporación internacional especializada en seguridad informática en su glosario de seguridad en español (http://www.symantec.com/es/mx/theme.jsp?themeid=glosario-de-seguridad), una **amenaza informática** es *"toda circunstancia, evento o persona que tiene el potencial de causar daño a un sistema en forma de robo, destrucción, divulgación, modificación de datos o negación de servicio (DOS)"* y en el mismo glosario, encontramos que **vulnerabilidad** es *"un estado viciado en un sistema informático que afecta las propiedades de confidencialidad, integridad y disponibilidad (CIA) de los sistemas"*. (Symantec, 2016). Ya vimos cómo la seguridad de información se fundamenta en la gestión de riesgos para controlar las amenazas. Pero, *¿qué es el riesgo?* De acuerdo con la Organización para la Estandarización (ISO), en su norma ISO 73:2009 – Gestión de Riesgos, riesgo es *"el efecto de la incertidumbre en la consecución de los objetivos"*. Visto de esa manera, no queda muy claro, veamos las notas al respecto:

*"**Nota 1**: Un efecto es una desviación de lo esperado - positivo o negativo.*

***Nota 2**: Los objetivos pueden tener diferentes aspectos (tales como financieros, de salud y seguridad, y las metas ambientales) y pueden aplicarse a diferentes niveles (como estratégica, en toda la organización, proyecto, producto y proceso).*

Nota 3: *El riesgo se caracteriza a menudo por referencia a los eventos potenciales y consecuencias, o una combinación de estos.*

Nota 4: *El riesgo se expresa a menudo en términos de una combinación de las consecuencias de un evento (incluyendo cambios en las circunstancias) y la probabilidad asociada de ocurrencia.*

Nota 5: *La incertidumbre es el estado, aunque sea parcial, de la carencia de información relacionada con, la comprensión o conocimiento de, un evento, su consecuencia, o probabilidad".* (ISO, 2009).

El riesgo se refiere a la probabilidad de que una amenaza se materialice utilizando una vulnerabilidad existente generando un impacto a los activos de información. Las vulnerabilidades o amenazas por separado, en realidad no representan ningún peligro. El peligro está cuando se juntan, que se convierten en un riesgo, o sea, en la probabilidad cierta de que ocurra un impacto. El impacto, viene a ser entonces la consecuencia de la ocurrencia de una amenaza.

Las amenazas, entonces, son las fuerzas del mal que están afuera listas y dispuestas a atacar las redes, sistemas y aplicaciones que almacenan y procesan los datos de un hogar u organización. Estas pueden clasificarse en tres grupos: ***Las amenazas naturales***, que como su nombre lo indica, están relacionadas con los fenómenos naturales y sus consecuencias. Los incendios, inundaciones, terremotos e incluso la intemperie, pueden causar daños a equipos e información. ***Las amenazas intencionales***, que son las acciones deliberadas, que llevan consigo el elemento de premeditación y alevosía, tales como: robos, hurtos, espionaje, sabotaje, secuestro, fraude, vandalismo, entre otras. ***Las amenazas involuntarias***, que son las opuestas a las intencionales, y que por lo general son ejecutadas por los mismos usuarios, ya sea por desconocimiento o poco adiestramiento en el manejo del computador, sistema o víctima de la ingeniería social. A continuación, nos enfocaremos entonces en las amenazas intencionales e involuntarias.

Las amenazas más comunes

De acuerdo con Symantec, en su informe "Hallazgos claves de las amenazas a la seguridad de Internet 2015", (2015 Internet Security Threat Report Key Findings, por su nombre en inglés - http://tinyurl.com/pzbsgjc), *"los atacantes cibernéticos se están moviendo y actualizando sus técnicas más rápido que los defensores, están pasando por encima de las defensas en maneras que las compañías no tienen forma de anticipar, y el malware usado en los ataques va en aumento y se adapta"*. (Symantec, 2015). En la actualidad, las amenazas más populares pueden ser representadas como se incluyen, pero no se limitan a lo siguiente: *software* malicioso (*malware*); ataque a las contraseñas (*password crackers*); puerta trasera (*backdoor*); ingeniería social (*social engineering*); desbordamiento de memoria (*buffer overflows*); suplantación/enmascaramiento (*spoofing/masquerading*); espionaje (*sniffers/eavesdropping*); robo (*theft*); código móvil (*mobile code*); denegación de servicio (*denial of service*); *exploit* de día cero (*zero day exploit*), y correo electrónico de ingeniería social (*e-mail social engineering*).

Software malicioso

El *software* malicioso o código malicioso, comúnmente conocido como *malware* (*malicious software*, por su nombre en inglés), es un término usado para describir *software* que por definición siempre realiza acciones no deseadas o que no son del interés del usuario. A veces trata de hacerlo en silencio sin que se note su presencia, o por el contrario, extremadamente obvio. Hubo un tiempo en que el término solo era asociado a una categoría general de los virus (Los caballos de Troya y el *software* espía). En la actualidad, se usa para señalar cualquier cosa que se pueda correr en la computadora que represente una amenaza al sistema, aplicación o información. Ahora cuando se habla de *malware*, se está haciendo referencia a cualquier programa, aplicación, *applets*, *scripts* o cualquier material digital que fue diseñado para ejecutar acciones no deseadas. Existen muchos tipos de códigos maliciosos, sin embargo, se pueden agrupar en cuatro clases principales: Los virus, los gusanos, los caballos de Troya y el *software* espía.

1. *Los virus:* Son programas parásitos que requieren la intervención del usuario y que pueden causar una gran variedad de cosas malas en el equipo, que van desde simplemente algo molesto (mostrar un mensaje, por ejemplo), hasta llegar a tener un efecto totalmente devastador (borrar archivos). Tienen la particularidad de que se agregan a otros programas para facilitar su propagación, significa que infectan a otros programas. Un rasgo clave de los virus es que no pueden replicarse a otros equipos o sistemas sin encontrar primero un método de propagación como el correo electrónico o *memorias USB*. Hay varios tipos de virus, pero los más populares son los virus de archivos ejecutables, es decir, los que pueden causar una modificación en el sistema con tan solo abrirlos (archivos con las extensiones .com, .exe, .bat, .dll, reg, vbs, etc), virus de macro (archivos con las extensiones .xls, .xlsx, .doc, .docx, .ppt, .pptx, .rtf) y virus del sector de arranque. Actualmente, cualquier tipo de archivo es susceptible de contener virus. Recordemos los hallazgos claves en el informe de Symantec, *"los atacantes cibernéticos se están moviendo y actualizando sus técnicas más rápido que los defensores, el malware usado en los ataques va en aumento y se adapta"*. El punto es que si una aplicación (programa) tiene fallos de seguridad, esta

puede ser aprovechada y usada como puerta de entrada, por alguien con malas intenciones, para atacar el equipo de los usuarios. Entonces, los formatos de archivos aparentemente inocentes (como .pif y .pdf) son transformados en armas letales. De allí que Virustotal (https://www.virustotal.com), la subsidiaria de Google que proporciona el servicio web gratuito que analiza archivos y direcciones web (URLs) en busca de virus, gusanos, troyanos y cualquier tipo de código malicioso, acepta para su análisis cualquier tipo de contenido binario, que sea un ejecutable Windows, Android APKs, PDFs, imágenes, código Javascript, etc.

2. *Los gusanos:* Un gusano informático es efectivamente un virus que no requiere la intervención del usuario o de otros programas para infectar los equipos. Son programas que una vez liberados, realizan copias de sí mismo y explotan las vulnerabilidades de los sistemas operativos o aplicaciones para autoreplicarse. Su objetivo principal es afectar el mayor número de computadoras posibles. Los primeros gusanos informáticos que aparecieron, tenían como objetivo afectar el mayor número de computadoras en el menor tiempo posible. En la actualidad, el objetivo es obtener beneficios económicos. Los gusanos se usan para crear *botnets* (red de robots informáticos, que obedecen a un control central) y así aglutinar poder de fuego cibernético. Dicho poder, entonces es ofrecido (vendido) en el mercado negro electrónico (*deep web* o web profunda) al mejor postor. El propietario puede entonces, organizar ataques de denegación de servicios (DOS), ejecutar envío de correo basura (*spam*) masivo, entre muchas otras cosas. El punto importante a tener en cuenta es que los usuarios (los verdaderos dueños del equipo) no son conscientes de que su estación de trabajo ha sido comprometida e infectada. La computadora, por lo general, es totalmente utilizable y

trabaja normal. Lo único sospechoso que se puede observar son períodos importantes de bajo rendimiento.

3. ***Los caballos de Troya:*** Son programas en apariencia inofensivos y útiles para el usuario, pero que en realidad esconden una carga dañina en su interior, y que al ser instalados, además del programa inofensivo, aparece un segundo programa (El troyano) que lleva mala intención. El propósito es hacer una cosa (la que motivó al usuario a instalarlo), mientras que secretamente ejecuta otras acciones indeseadas o maliciosas, todas, sin el conocimiento del usuario. Llevan este nombre en alusión al ingenio usado por los griegos, durante la guerra de Troya, donde usaron un caballo de madera para introducirse en la ciudad fortificada de Troya. Los programas troyanos se diferencian de los virus en el sentido de que no se propagan infectando a otros archivos y no hacen copias de sí mismo. Tenga en cuenta siempre que si le ofrecen un "virus", seguramente usted responderá que no. Pero si le ofrecen un juego o una aplicación que usted considera útil, y además gratis, muy probablemente usted dirá que sí, de usted depende.
4. ***Software espía:*** Son aplicaciones diseñadas para recopilar datos sobre las preferencias, hábitos de navegación, y gustos del usuario. Inicialmente el *software* espía (*spyware*, por su nombre en inglés) era una aplicación que la inyectaban a través de las fallas de seguridad del *software* navegador por compañías que buscaban obtener más información sobre la actividad del usuario en Internet. Hoy por hoy, estos métodos son usados adicionalmente para desplegar otro tipo de código malintencionado, desplegar publicidad, recolectar datos privados y monitorizar las entradas del sistema como las pulsaciones del teclado o clics del ratón.

El código malintencionado está evolucionando significativamente para poder sobrepasar los mecanismos de defensa y ser efectivo. De allí, que la línea divisoria entre las categorías sea cada vez más delgada y difusa. El objetivo de los cibercriminales es claro, comprometer los sistemas. La técnica, ingenio, situación, vulnerabilidad o herramienta, cualquiera que sea usada, se constituyen en la puerta de entrada. Una vez comprometido el sistema, el mundo de posibilidades es infinito. La idea que se quiere transmitir es que el *software* malintencionado, malicioso o *malware*, representan una amenaza seria, la cual no debe ser subestimada. Para su información, usted puede consultar en línea el mapa global de amenazas, cortesía de la Autoridad de Reputación WatchGuard, un servicio de reputación para el correo electrónico y la seguridad web, disponible en el siguiente enlace: http://www.reputationauthority.org/toptens.php.

Ataque a las contraseñas

Las contraseñas (*passwords*, por su nombre en inglés) siempre van atadas a un nombre de usuario (User ID - User Identification, por su nombre en inglés), y en conjunto, son el método más común de autenticación (probar que usted es, quien dice ser) en una computadora o red. Los sistemas modernos almacenan las contraseñas en una forma encriptada, conocida como *hash unidireccional*, un algoritmo que produce una representación numérica única de la contraseña. Cuando se ejecuta el proceso de autenticación y se introduce la contraseña, el sistema transforma los datos introducidos en un *hash* utilizando el mismo algoritmo que fue empleado durante la creación inicial de la contraseña, y entonces, lo compara con el *hash* que está almacenado en archivo. Si concuerdan, existe un alto grado de certeza de que la contraseña proporcionada es la misma que la almacenada en archivo, y por lo tanto, el usuario es legítimo. El factor clave en este esquema de autenticación, es dónde se almacenan los *hashes* de las contraseñas, es allí donde los *crackers* (léase, los individuos que se dedican a romper esquemas de seguridad) de contraseñas, entran en el juego. Si el archivo que guarda los *hashes* de las contraseñas cae en malas manos, un atacante podrá entonces ejecutar ataques de fuerza bruta comparando miles de posibles combinaciones de contraseñas (comparando los *hashes*) hasta conseguir uno que coincida. Teniendo el *hash* original, es solo cuestión de tiempo hasta que el proceso encuentre una combinación que produzca un *hash* que coincida, que dependiendo de la longitud y complejidad de la contraseña, dicho proceso puede tardarse minutos o años. Este tiempo puede disminuir o incrementarse, ya que dada nuestra naturaleza humana (es decir, que aparte de crear la contraseñas, también debemos recordarlas) tendemos entonces a crear contraseñas fáciles de recordar, y por supuesto, fáciles de adivinar si están relacionadas con elementos personales (fechas de nacimiento, nombres y apellidos, direcciones de habitación, signos del Zodiaco, nombres de mascotas, números telefónicos, profesiones, etcétera). Tenga en cuenta siempre que si la herramienta puede descubrir la contraseña, el atacante entonces podrá iniciar sesión usando su usuario y contraseña, dando lugar a la suplantación de identidad. Recordemos entonces que para casi todas de las actividades en el computador y en internet, el usuario y la contraseña son el *"ábrete sésamo"*, es decir, las llaves del reino. Para su información, en el mercado están disponibles varias herramientas para romper (*to crack*) contraseñas, las cuales se listan a continuación:

1. **Ophcrack**: Es una de las herramientas más populares de recuperación de contraseñas. Es gratis y de código abierto y multiplataforma - http://ophcrack.sourceforge.net/.
2. **Hash Suite**: Es un programa en la plataforma Windows para poner a prueba la seguridad de los *hashes* de contraseñas - http://hashsuite.openwall.net.

3. **CrackStation**: Es un sitio web gratuito para la búsqueda de *hashes* precalculados que utiliza tablas masivas para romper hashes de contraseñas - https://crackstation.net.
4. **John the Ripper**: Es una de las herramientas más rápidas para romper contraseñas disponible para muchos sabores Unix, Windows, DOS, BeOS, y OpenVMS - http://www.openwall.com/john/.
5. **Cain & Abel**: Es una herramienta de recuperación de contraseña para sistemas operativos de Microsoft - http://www.oxid.it/cain.html.
6. **LOPHTCRACK**: Es una alternativa a Ophcrack. Intenta descifrar la contraseña de Windows a partir de los hashes - http://www.lophtcrack.com/download.html.
7. **AirCrack NG**: Es una herramienta de descifrado de contraseñas Wi-Fi que puede romper contraseñas en formato WEP o WPA - http://www.aircrack-ng.org.

Juzgue usted mismo, estimado lector, si por la variedad de las herramientas disponibles en el mercado para descifrar contraseñas y la amenaza de ataques a las contraseñas ¿se puede menospreciar o pasar por alto?

Puerta trasera

Una puerta trasera no es más que un método de evadir los controles de seguridad y autenticación de los sistemas operativos y aplicaciones. Inicialmente, las puertas traseras (*backdoors*, por su equivalente en inglés), eran accesos especiales ocultos (indocumentados) creados por los programadores para eludir los controles de seguridad, y de esa manera, atender con prontitud los problemas reportados del *software*. Su función era exclusiva para dar soporte. Estos accesos podían ser parámetros especiales o cuentas ocultas integradas dentro de la aplicación que permitían al desarrollador verificar el estatus del *software* y dar soporte a la mayoría de las funciones principales del sistema. El problema de este esquema de soporte, era que sucedía sin el conocimiento del administrador o dueño del sistema, y que esa información privilegiada, podía conducir a accesos no autorizados. Hoy en día, hay *malware* especializado en ejecutar esta función. En otras palabras, un virus, gusano o troyano que se ejecute en su computadora, puede instalar sin su conocimiento, una puerta trasera para su uso posterior. Una puerta trasera es una forma efectiva de recuperar el acceso al equipo previamente comprometido. En el equipo comprometido, entonces, queda instalado un servidor (puerta trasera) configurado a la escucha de conexiones entrantes en un puerto específico. Los atacantes, cuando lo consideren necesario, utilizarán un cliente para conectarse a dicho servidor. El servidor les dará la bienvenida, obviamente, sin pasar por los sistemas de control de acceso del equipo. Tenga en cuenta siempre que este tipo de *software* es sumamente sofisticado, por ende, tiende a pasar por alto y con gran facilidad las medidas regulares de protección tales como: *firewalls*, sistemas de detección de intrusos y las protecciones de contraseña. Desde otra perspectiva, piense que con tan solo añadir una nueva cuenta de usuario con privilegios administrativos en su computadora, sin su conocimiento, se constituiría en una especie de puerta trasera, claro está, mucho menos sofisticada y detectable fácilmente.

Ingeniería social

La ingeniería social es el arte de engañar a las personas. Dicho de otra manera, es el acto de manipular a las personas a través del contacto social con el objetivo de obtener información sensible o ejecutar acciones inadecuadas. La ingeniería social (*social engineering*, por su denominación en inglés) en esencia explota al ser humano en toda su dimensión, su curiosidad, su instinto, su fe, sus intereses, sus valores y sus creencias. La ingeniería social lo usa y manipula de tal manera que lo convierte en cómplice (involuntario) necesario, de allí su poder. La creatividad es un factor importante dentro de la ingeniería social, puesto que los argumentos deben ser fuertes, naturales y creíbles. La ingeniería social puede tomar muchas formas, desde una llamada telefónica hasta un *email* o contacto cara a cara. Un atacante puede convertir una noticia importante (explotando su curiosidad) en malas noticias. El atacante, entonces, le presentará una foto, video, o mensaje con elementos a los cuales le resultará muy difícil resistirse, y con enlaces complementarios, que en el artilugio, complementarían la noticia despejando así su curiosidad. Dado que se presenta irresistible, usted razonablemente sigue el enlace. Lo que no sabe ni verá, es que dichos enlaces conducen a sitios cargados de código malicioso que, aprovechando al máximo las vulnerabilidades de su sistema, se instalan automáticamente comprometiendo así su computadora. Otro enfoque que puede ser utilizado por los atacantes, y que sube el nivel de dificultad, es la oferta de productos vía telefónica en los que usted puede estar interesado (obviamente, explotando su interés), basado en su ubicación geográfica y nivel socioeconómico. Un atacante puede tomar la forma de vendedor de paquetes turísticos, y ofrecerle, vía telefónica, paquetes de vacaciones compartidas, con muy atractivos descuentos y ofertas de promoción. El atacante, luego de haber tomado nota de sus datos básicos y de garantizarle el descuento de su vida, le enviará vía correo electrónico, la propuesta con las opciones disponibles más apropiadas según sus intereses, más el enlace que lo conducirá a la trampa (dirección web minada de código malintencionado), o en su defecto, un paquete encomienda contentivo de CD o *pendrive* folleto, con el *software* malicioso. Como imagino, se habrá podido dar cuenta de que el engaño siempre está presente y el usuario continuamente es cómplice involuntario. Prevenir es mejor que lamentar, dude siempre de todo lo que suena tan bonito como para ser verdad, los cibercriminales pudieran estar detrás de ello.

Mantenerse informado acerca de los modos de operación, es quizá la mejor manera de estar protegido contra de la ingeniería social.

Desbordamiento de memoria

De acuerdo con el Consorcio de Seguridad de Aplicaciones Web (The Web Application Security Consortium - WASC, por su nombre en inglés), un desbordamiento de memoria es *"un defecto que se produce cuando se escriben más datos en un bloque de memoria, o búfer, del que el búfer tiene capacidad de manejar"* – http://tinyurl.com/p6ee7kb (WASC, 2016). Los búferes son esenciales para la gestión de las operaciones de entrada y salida en todos los niveles de la computadora. Un ataque de desbordamiento de memoria, es una agresión que manipula la habilidad del sistema de administrar los búferes de memoria causando fallas en el sistema, tales como falta de control de los estados de una aplicación, incapacidad para controlar el programa en ejecución o la ejecución de código arbitrario. Los desbordamientos de memoria son básicamente el resultado de una mala gestión de la memoria del sistema. Los búferes se encuentran en las tarjetas de red, tarjetas de video, la memoria RAM tradicional y la memoria virtual en los discos duros, todas esas áreas son potencialmente vulnerables al desbordamiento de memoria. Motivado a que los desbordamientos de memoria pueden ser utilizados para eludir los mecanismos de control de acceso de un sistema, son la forma más antigua y más común de atacarlos en la actualidad. Un atacante puede lograr incluir instrucciones en el búfer que permitan abrir una ventana de comando (*shell*, por su nombre en inglés) con la intención deliberada de tomar control del equipo. El desbordamiento de memoria es una vulnerabilidad que puede encontrarse en los sistemas operativos, en todo tipo de aplicaciones e incluso en los protocolos. Mantener su equipo actualizado (sistema operativo y aplicaciones), sin duda, es la mejor forma de controlar esta amenaza.

Suplantación/enmascaramiento

Es el acto de aparecer frente a un sistema (suplantar o enmascararse, o sea, ocupar con malas técnicas el lugar de alguien) como si una comunicación de un atacante en realidad proviene de una fuente conocida y de confianza. Debido a que el Protocolo TCP/IP, es el protocolo usado para las comunicaciones en Internet, y motivado a que este ofrece muy pocos mecanismos de autenticación o chequeo de integridad, es muy fácil para un atacante modificar la dirección IP de origen de una transmisión y presentarse como si viniera de otro lugar. Las primeras versiones de suplantación se ejecutaron manipulando los paquetes de datos usados en el Protocolo TCP/IP. Los atacantes envían paquetes a un servidor con la dirección IP de origen de un sistema conocido (y de confianza) en el encabezado del paquete. Esto engañaría a cualquier dispositivo de filtrado y protección que esté configurado para permitir o denegar tráfico (actividad) hacia y desde redes y direcciones IP de confianza. La suplantación/enmascaramiento introduce significativos efectos en el control de acceso de los sistemas, porque elimina la seguridad de que se esté tratando con una entidad de confianza. Para el sistema víctima, el atacante luce, actúa y se comunica como si fuera el sistema de confianza. Por tal efecto, el sistema víctima, entonces, proporciona al atacante todos los accesos y privilegios que en condiciones normales le otorgaría al sistema de confianza. En la actualidad, es posible suplantar o enmascarar direcciones IP, direcciones ARP (Address Resolution Protocol, por su designación en inglés, un protocolo que se utiliza para resolver direcciones IP a direcciones de *hardware* o MAC - Media Access Control), Servicios DNS (Domain Name System, por su nombre en inglés) y sitios web. Para su información, a continuación, una muestra de las diferentes opciones de *software* para suplantación o enmascaramiento disponibles:

1. **Spoofer Project**: El proyecto Spoofer mide la susceptibilidad de la Internet a los paquetes de direcciones IP falsas. - http://spoofer.caida.org/.
2. **Ettercap**: Es una suite para ejecutar ataques denominados "hombre en el medio" en una red local (LAN) - http://openmaniak.com/ettercap_arp.php.
3. **Nemesis**: Es una utilidad de línea de comandos disponible para UNIX y Windows. Esta herramienta puede diseñar e inyectar ARP, DNS, ETHERNET, ICMP, IGMP, IP, OSPF, RIP, y paquetes TCP y UDP - http://nemesis.sourceforge.net/.
4. **Hide My IP**: Es una herramienta que enmascara la dirección IP - https://www.hide-my-ip.com/.
5. **SpoofMail**: Es un programa que permite enviar mensajes de correo electrónico falsificados, para cualquier persona y de cualquier individuo - http://spoofmail.download-494-78199.datapicks.com/.
6. **TotalSpoof**: Es una utilidad para la creación de sitios web falsos. http://totalspoof.software.informer.com/.

Espionaje

Todas las comunicaciones, ya sea cableada o inalámbrica, necesitan viajar de un punto a otro a lo largo de algún medio, sea este un cable de cobre, cable de fibra óptica o simplemente ondas de radio. Todos estos medios de transmisión representan un potencial de exposición. En el caso de que un atacante pueda insertar un "punto de escucha" en el medio de la comunicación, podría recoger todos los aspectos de la comunicación. El acto de usar un punto de escucha es llamado espionaje (*eavesdropping*, por su nombre en inglés), o sea, conseguir información secreta de una persona, organización o país (*sniff* del inglés, husmear algo con arte y disimulo). En la actualidad el *software* espía, es cualquier *software* que obtiene información de la computadora, tableta o teléfono inteligente, sin el conocimiento del usuario. Hay muchos tipos de *software* espía corriendo por Internet, pero en general se pueden diferenciar dos grandes grupos: El *software* dirigido al hogar o doméstico y el comercial o gubernamental. El *software* espía doméstico es mayormente usado por padres (que desean supervisar la actividad de los hijos en Internet) y parejas desconfiadas (que intentan confirmar/despejar dudas sobre infidelidades). Mientras que el *software* comercial/ gubernamental, va dirigido a vigilar personal, obtener posición competitiva o simplemente la lucha contra el terrorismo o razones políticas y geopolíticas. No se confunda estimado lector, aunque esta categoría use *malware* para ser efectiva, el alcance y propósito final es distinto. Estamos hablando de *software* diseñado y pensado, para no revelar su presencia y afectar en lo más mínimo el rendimiento de su dispositivo. Esta sección es algo más serio. Me refiero a cosas como estas:

- De acuerdo con BBC mundo, el portal de noticias en Internet, perteneciente a BBC World Service con base en Londres, en su artículo "Edward Snowden: Leaks that exposed US spy programme", es decir, "Edwar Snowden filtra y deja al descubierto el programa de espionaje de los Estados Unidos" – http://www.bbc.com/news/world-us-canada-23123964 (BBC, 2014).
- De acuerdo con F-Secure, una compañía de seguridad y privacidad en línea con base en Finlandia, en su artículo "3 Reasons the Hacking Team story matters from Mikko Hypponen", en español, "3 razones por lo que la historia de Hacking Team importa por Mikko Hypponen" - http://safeandsavvy.f-secure.com/2015/07/13/3-reasons-the-hacking-team-story-matters-from-mikko-hypponen/ El experto en seguridad informática Mikko Hypponen, explica cómo la empresa Hacking Team, una compañía italiana especializada en ciberseguridad, había llegado al mercado

durante los últimos 10 años, y como muchos gobiernos que querían tener capacidad de ataque en línea, accedieron (compraron) al *malware* creado por Hacking Team (un programa para interceptar computadoras, llamadas por Skype, emails, mensajes instantáneos y contraseñas), puesto que no tenían el conocimiento técnico para hacerlo por sí mismos (F-Secure, 2015).

- De acuerdo con WikiLeaks, en su artículo "The Spyfiles" - https://wikileaks.org/spyfiles/, es decir, los archivos espías, revela cómo la intercepción masiva de poblaciones enteras, no solamente es una realidad, se trata de una nueva industria secreta que abarca al menos 25 países. Aquí, usted puede ver el mapa de los países involucrados. https://wikileaks.org/spyfiles/The-Spyfiles-The-Map.html- (Wikileaks, 2011).

Queda claro, estimado lector, que estamos en una nueva era de la vigilancia y el espionaje. Un nuevo negocio que, a juzgar por sus clientes (Gobiernos y sus agencias de inteligencia, fuerzas militares y autoridades policiales), se mueve mucho dinero.

Robo

El robo es un concepto simple que cualquiera puede entender, sin embargo, desde el punto de vista físico y jurídico, es bueno saber que el robo incluye violencia en la acción, mientras que en el hurto, no existe la violencia, la intimidación ni la fuerza. Aunque jurídicamente son diferentes, si su computadora o dispositivo inteligente se lo quitan o no violentamente, desde el punto de vista de la seguridad informática, el resultado es el mismo. El robo físico incluye cualquier cosa de valor que alguien no autorizado se puede llevar: Computadoras, teléfonos, libros, documentos, tarjetas, CD, *pendrives*, cualquier otro material que se pueda mover, puede ser objeto de robo. El punto es que el robo físico lleva consigo el hecho de que el dueño del activo puede notar su ausencia relativamente rápido. En el robo digital, a menos que el ladrón destruya la información (borre archivos o el dañe medio físico de almacenamiento) durante el robo, la información original va a estar allí aunque el ladrón tenga una copia completa y exacta de los datos. Hoy por hoy, la información de la gente (individuos) e incluso de organizaciones (compañías), está siendo recolectada, vendida, compartida o transferida por entes y organizaciones dedicadas a esta actividad, bien sea por motivos legítimos o ilegítimos. Incluso, aún siendo motivos legítimos (cuerpos de seguridad) el propietario original de la información, tiene muy pocos medios para asegurarse el control de acceso a dicha información. Robo de información y controles de acceso se entrelazan, el robo de información regularmente representa el fracaso de los mecanismos de control de acceso. El hecho de que el robo pudo ocurrir significa que los controles de acceso a la información no fueron suficientes para hacer frente a la amenaza, o el ladrón fue mucho más hábil de alguna manera y pudo evadir los mecanismos de control de acceso. En la actualidad, es público y notorio que muchas organizaciones que almacenan información, como parte de su proceso de negocio, han sido víctimas de los cibercriminales. El punto es que no todas las organizaciones que almacenan información, no les dedican el mismo presupuesto, tiempo y cuidado a proteger la información, que por razones de negocio, intercambio o relación quedó bajo su responsabilidad. De acuerdo con el New York Times, en su artículo "How Many Times Has Your Personal Information Been Exposed to Hackers?" - http://tinyurl.com/pwjxbnj, esto es, cuántas veces su información personal ha sido expuesta a los *hackers*, describe cómo la mitad de los adultos estadounidenses tuvieron su información personal expuesta (léase, dirección, fecha de nacimiento, tarjeta de crédito/debito, correo electrónico, teléfono, número de seguro social, historia médica/de empleo/financiera, y huella digital) a los cibercriminales durante el año 2014 (Keller, Lai y Perlroth, 2015). En contraste, y para su información, nótese que existen herramientas y sitios web que facilitan la ubicación de personas, lugares y negocios. A continuación, se mencionan algunos de los más populares:

- WebMii - http://webmii.com/
- AnyWho - http://www.anywho.com/whitepages
- BuscarDatos - http://buscardatos.com/Personas/
- Pipl - https://pipl.com/
- Spokeo - http://www.spokeo.com/
- ZoomInfo - http://www.zoominfo.com/
- PeopleFinders - http://www.peoplefinders.com/
- BeenVerified - https://www.beenverified.com/
- PeekYou - http://www.peekyou.com/
- FreePeopleSearchTool - http://www.freepeoplesearchtool.com/
- Paterva Maltego - https://www.paterva.com/web6/products/maltego.php
- JLL - http://www.jll.com/people

Código móvil

El código móvil es *software* que se transmite a través de la red desde un origen remoto a un sistema local, y que es ejecutado sin o con muy poca intervención del usuario. Regularmente, el sistema local es una computadora, pero puede ser una tableta, teléfono o cualquier dispositivo inteligente. El código móvil se diferencia del *software* tradicional en el sentido de que no requiere ser instalado o ejecutado explícitamente por parte del usuario. El código móvil se puede descargar a través de un archivo adjunto de correo electrónico (por ejemplo, un archivo de Excel que contenga macros) o por medio de un correo electrónico HTML. Otros ejemplos de código móvil son los controles ActiveX, JavaScript, Java Applets, que corren en una página web y correo basado en HTML. El código móvil también se le conoce como código descargable o de contenido activo, especialmente en el contexto de sitios web y sistemas de correo electrónico. El código móvil tiende a hacer estragos, dado que el usuario con poco o nulo conocimiento en seguridad informática, tiende a navegar y usar su computadora para sus actividades diarias, utilizando un usuario administrador, que tiene por supuesto, todos los derechos para hacer cambios en la configuración del equipo. Entonces, si se accede a un sitio web con contenido activo (con controles ActiveX, por ejemplo), y se está usando un usuario administrador, dado que el código móvil no requiere la intervención del usuario, esto hace que sea mucho más fácil para un control ActiveX ejecutar su carga maliciosa en el sistema o red. La tecnología ActiveX de Microsoft se basa en firmas digitales como un mecanismo base de seguridad. Cada control ActiveX debe ser firmado digitalmente por el autor. El navegador verifica la validez de la firma y pide al usuario que haga un juicio sobre si el desarrollador es digno o no de confianza. Desgraciadamente, la mayoría de los usuarios finales no tienen el conocimiento técnico para tomar una decisión de tal magnitud, por lo que la mayoría simplemente termina ejecutando el código. No se debe asumir que todo el contenido activo es perverso, tiene su funcionalidad, mejorar y complementar la experiencia del usuario al navegar. Sin embargo, el usuario debe estar consciente de los peligros del código móvil y evitar por todos los medios, emplear una cuenta de usuario administrador como usuario regular.

Denegación de servicios

La denegación de servicios no es más que ocupar a un ente (en este caso, una computadora) por encima de su capacidad de respuesta. Dicho sistema, al tener tantas peticiones de servicio por procesar, prácticamente causa que el servicio no esté disponible para los usuarios legítimos. Los primeros ataques de denegación de servicio (DOS - Denial of Service, por su nombre en inglés), se basaban en la manipulación del protocolo TCP/IP creando muchísimas sesiones, consumiendo así todos los recursos del servidor y haciendo imposible para una aplicación o usuario legitimo del servidor tener acceso a los servicios del mismo. De esta manera, el servidor quedaba completamente ocupado y fuera de servicio. Imagine por ejemplo, que usted entra a un restaurante de comida rápida y se mete a la línea de espera para hacer su pedido, pero el comensal que acaba de ordenar, ha hecho un pedido de 600 hamburguesas. Indudablemente que si usted espera su turno, será cualquier cosa, pero no comida rápida. Aunque usted haga su pedido y obtenga su recibo, tiene que esperar que produzcan las 600 hamburguesas solicitadas con anterioridad. Así mismo, el servicio de comida rápida queda fuera de servicio para usted. Los ataques de denegación de servicio son una técnica vieja pero efectiva para aniquilar servicios de infraestructura, los ataques DOS pueden variar desde el consumo de recursos específicos del sistema, la prevención de procesamiento, la interrupción de los recursos de red, hasta un corte completo de los servicios del sistema. De allí que existe una variante. Denegación de Servicios Distribuidos (DDoS – Distributed denial of service, por su denominación en inglés), en esta variante DOS, en lugar de atacar a un servidor desde una ubicación única, el servidor es atacado desde cientos y miles de ubicaciones distintas. Para lograr este objetivo, los atacantes crean redes llamadas *botnets*, infectando muchísimas máquinas vulnerables con *malware* (un pequeño programa o agente llamado "bot") que obedece a un control central. Cada máquina contaminada es convertida en un zombi. Los zombis, entonces, siguiendo la orden del control central hacen miles de solicitudes al servidor (o sitio web) victima, inundándolo hasta el punto de agotar la capacidad del procesamiento, otros usuarios legítimos no pueden acceder a los servicios, o simplemente, hasta que falla y se apaga. Retomando el ejemplo del restaurante de comida rápida, imagine que usted entra al establecimiento, y la línea de espera tiene 5 personas antes que usted, pero en esta ocasión cada comensal hace un pedido de 120 hamburguesas cada uno (o peor aún, 600 cada uno). De nuevo, si usted espera su turno, será cualquier cosa, pero no comida rápida.

Exploit de día cero

Un *exploit* es un programa creado con la finalidad de aprovecharse de una vulnerabilidad en particular de un sistema operativo o aplicación. Se le denomina "día cero" puesto que los desarrolladores (programadores) tienen cero días para arreglarla, es decir, es una vulnerabilidad desconocida tanto para los usuarios, los fabricantes del *hardware* y *software* y los fabricantes de antivirus. El uso de los ataques de "día cero" puede incluir infiltrar *malware* o permitir el acceso no deseado a la información del usuario. Una vez que la vulnerabilidad se hace pública, comienza la carrera para el fabricante o desarrollador, que debe trabajar arduamente para producir una solución, con el fin de proteger a los usuarios (léase, clientes). Las vulnerabilidades de "día cero" representan grandes riesgos a la seguridad de la información, dado que, son vulnerabilidades para las cuales no existe un parcho o solución. Los *exploit* y vulnerabilidades de "día cero" son herramientas extremadamente valiosas y son utilizadas no únicamente por los cibercriminales, sino también por los espías de los Gobiernos/Estados y fuerzas especiales de inteligencia cibernética. Un ataque de día cero representa, literalmente, el arma secreta y maestra, en una guerra informática.

Correo electrónico de ingeniería social

Como vimos anteriormente, la ingeniería social puede tomar muchas formas, en esta sección nos referiremos únicamente a los ataques vía correo electrónico. La mayoría sabemos que el correo electrónico se ha convertido en un medio de comunicación fundamental para mucha gente. Tanto es así, que es considerado una herramienta estratégica para muchas actividades y negocios. El punto es que no todos entienden muy bien cómo el correo electrónico se encamina de un sistema a otro. Entonces esa especie de magia o caja negra, hace que la gente confíe en la tecnología y en el correo electrónico más allá de lo debido. Tomando en cuenta que el público en general confía en el servicio de correo electrónico, y dado que el correo electrónico proporciona acceso directo a la gente, los cibercriminales utilizan el servicio de *e-mails* de manera fraudulenta para difundir *malware* (gusanos y virus), cometer robo o fraude, o simplemente difundir mala información. No es nada complicado crear un *e-mail* y hacerlo pasar como si viniese de alguien conocido o de una fuente de confianza. Por supuesto, y para su información, existen muchas herramientas disponibles para generar correo falso, basura, o *spam*. A continuación, una pequeña muestra:

- The Anonymailer - http://www.anonymailer.net/.
- Guerrilla Mail - https://www.guerrillamail.com/compose.
- ZMail - http://zmail.sourceforge.net/.
- Email Anonymous - http://www.sendanonymousemail.net/.
- Botmail Pro - http://botmailpro.blogspot.com/2014/12/whats-botmail-pro-botmail-pro-is.html.
- Spamgourmet - https://www.spamgourmet.com/index.pl.
- Mailnesia - http://mailnesia.com/es/.

El correo electrónico de ingeniería social representa muchos problemas, y el inconveniente principal es que puede ser utilizado para obtener información sensible (información personal o del sistema) de la víctima, que luego será usada para evadir los controles de autenticación y autorización del sistema, o dependiendo de lo que el atacante esté buscando, la ingeniería social lo engañará de tal manera, para que ejecute acciones inadecuadas. Los ataques pueden tomar la forma de fraude o estafa, (*scams*, por su equivalente en inglés), de suplantación de identidad (*phishing*, por su nombre en inglés), o de ballenero (*whaling*, en inglés). El "phishing" o suplantación de identidad en correo electrónico, se llama así porque proviene del inglés "fishing", pescar, y porque el cibercriminal pone "un anzuelo con carnada" en frente de la víctima con la intención y la esperanza de que lo muerda, un *e-mail* que parece real y convincente, con archivos adjuntos o enlaces maliciosos. En inglés, se le agrega el prefijo "ph", para distinguirlo de la pesca del mundo real y porque hay una tradición de utilizar "ph" en lugar de "f" para describir la actividad de los cibercriminales. Debido a que el *phishing* se basa más en atacar a los usuarios (personas) más que a la tecnología propiamente dicha, se reseña a veces como un tipo de ataque de "ingeniería aocial". El ballenero o *whaling*, es la misma técnica del *phishing*, pero aplicada a los peces gordos. En lugar de enviar el correo electrónico a todos los usuarios, se les remite solo a usuarios con cierto poder dentro de la estructura de la organización o que manejan información sensible, tales como directores, gerentes, jefes, administradores y supervisores.

10
Autodefensa

Aprender a defendernos

El *boom* de la Internet sin duda nos ha afectado a todos. No es muy difícil llegar a esta conclusión cuando te encuentras escuchando radio a través de un teléfono inteligente, leyendo el periódico en una tableta o computadora, viendo tu programa favorito, sin comerciales, en el horario que más te conviene y con repetición instantánea en el momento que así lo prefieras. Sin mencionar la capacidad de ir al banco desde la comodidad del teclado, y comprar en línea sin horarios restringidos. Todas esas propiedades son solo posibles a través de Internet. Es que la Internet de hoy en día, va mucho más allá de sus tradicionales definiciones: "la red de redes" y "la súper autopista de la información". Si nos fijamos bien, se está convirtiendo en nuestra radio, prensa y televisión, entre muchas otras cosas. La Internet ha sido como una bendición para los negocios, las telecomunicaciones, la ciencia, la educación, y casi cualquier campo que uno pueda imaginarse, incluida la delincuencia. Como toda invención humana, tiene su lado positivo y negativo. Para las empresas y organizaciones, permite incrementar la productividad, para los investigadores, profesionales, estudiantes y ciudadanos, compartir información y conocimiento de forma casi instantánea. En contraste, les da a los criminales una poderosa herramienta que dada su naturaleza de sobrepasar fronteras geográficas y el anonimato que brinda a sus usuarios, la convierten en la herramienta perfecta para aquellos que quieren evadir la ley.

En el capítulos dos, vimos cómo la magia de la red hizo para conquistar el mundo. Luego, en el capítulo tres, cómo el protocolo TCP/IP ganó la competencia para interconectar sistemas, y en el capítulo cuatro, cómo la primera cosa conectada a la red, no son los dispositivos, sino la gente. Posteriormente, en el capítulo cinco, aprendimos que nuestro gran punto de encuentro, "la Internet", no es segura; así como también, en el capítulo seis, vimos el rostro que pudiera estar detrás de un ataque informático, y en el capítulo siete, quien representa la capa 8 y el porqué la seguridad informática es un problema relacionado con la gente. Adicionalmente, en el capítulo 8, asimilamos los principios claves de la seguridad de información, de la misma forma que, en el capítulo nueve, las amenazas más comunes. Finalmente, llega el momento de aprender a defendernos.

En las películas de guerra, suele verse que los valientes y guerreros siempre van al frente de batalla, quiero decir, al terreno favorable al combate para tomar la ofensiva. El frente, entonces, varía según los objetivos que se persigan y si las tropas están siendo o no apoyadas por los flancos, también puede variar según el despliegue y actitud del enemigo. En resumen, el frente de batalla es diferente en el ataque y en la defensa. Para ilustrar mejor la idea, observe en la gráfica número 20, "Mapa de ataques", cómo luce, desde la perspectiva NORSE, el frente de batalla en el ciberespacio.

Gráfica 20 - Mapa de Ataques NORSE

Según el *Diccionario de la lengua española*, en su versión electrónica, el ciberespacio, es un *"ámbito artificial creado por medios informáticos"* (RAE, Ciberespacio, 2016). Al ser el ciberespacio algo netamente artificial, quiere decir que no es físico, es intangible, por consiguiente, visualizarlo no es una tarea fácil. Conviene entonces observar otras perspectivas que nos ayuden a crear la nuestra. A continuación, coloco a su disposición las direcciones web de múltiples formas de seguimiento de los ataques en línea en tiempo real:

- NORSE - http://map.norsecorp.com/#/
- FireEye - Cyber Threat Map. https://www.fireeye.com/cyber-map/threat-map.html
- Arbor Networks - Digital Attack Map. http://www.digitalattackmap.com/#anim=1&color=0&country=ALL&list=0&time=16806&view=map
- Kaspersky – Cyber Threat Real Time Map. https://cybermap.kaspersky.com/
- Cisco/OpenDNS – Global Network. https://labs.opendns.com/global-network/
- Check Point Software – Live Cyber Attack Threat Map. https://www.checkpoint.com/ThreatPortal/livemap.html

- Fortinet – Fortinet Threat Map.
  http://threatmap.fortiguard.com/
- TRENDMicro – Global Botnet Threat Activity Map.
  http://www.trendmicro.com/us/security-intelligence/current-threat-activity/global-botnet-map/

Aunque cada mapa brinda sus detalles, no es fácil visualizar con precisión quién está atacando a quién. Es necesario destacar que muchos de los datos que alimentan estos mapas en vivo, se extraen de una mezcla de objetivos reales y sistemas de señuelo (*honeypots*, por su nombre en inglés) que las empresas de seguridad despliegan para recopilar datos sobre las fuentes, los métodos y la frecuencia de los ataques en línea. Además, muchas de las organizaciones que se referencian en algunos de estos mapas como "atacantes", en realidad son sistemas comprometidos dentro de esas organizaciones que son utilizados remotamente para transmitir ataques lanzados desde otro lugar. Imagino que se ha dado cuenta de que en el ciberespacio cuesta definir con precisión al enemigo. Vale la pena recordar un extracto de la cita de Sun Tzu que vimos con anterioridad: "Si no conoces ni al enemigo ni a ti mismo, sucumbirás en todas las batallas". Al enemigo ya lo estudiamos con detalle en el capítulo seis, de ellos sabemos que son individuos inteligentes, capaces, creativos y con alta motivación. Ahora es su turno, amigo lector, de reconocer sus habilidades técnicas, destrezas y conocimientos para su autodefensa en el ciberespacio.

En el mundo empresarial, resulta fundamental conocer el riesgo real de una filtración de datos para poder tomar decisiones realistas y asertivas sobre cómo evitar los impactos de las amenazas cibernéticas. Es que si no se puede validar exactamente al enemigo, resulta útil conocer al menos, cómo atacaría. Un buen punto de partida, en ese sentido, viene a ser el Reporte de Investigaciones de Filtración de Datos de Verizon del 2015 - http://www.verizonenterprise.com/DBIR/2015/. Observe en la gráfica número 21, "Entendiendo el riesgo real de una filtración de datos", como resaltan los tres puntos de aprendizaje acerca de las acciones que pueden abrir la puerta para que su computadora sea comprometida:

1 – Los ataques suceden rápido, los sistemas son comprometidos en segundos.
2 – La mayoría de los ataques pueden ser prevenidos, más del 70 % de los ataques explotan vulnerabilidades con parches disponibles.
3 – El conocimiento es un arma poderosa (Verizon, 2015).

Aunque hay mucha más información en la infografía, nótese cómo se resalta el conocimiento. Es que el entendimiento, la noción de saber algo, es lo que hace a una persona consciente de lo que lo rodea, con capacidad de descubrir, probar y examinar las propiedades de algo. A este punto, amigo lector, usted ya debe tener una idea clara de por qué la ignorancia es la materia prima para ser comprometido en su seguridad informática.

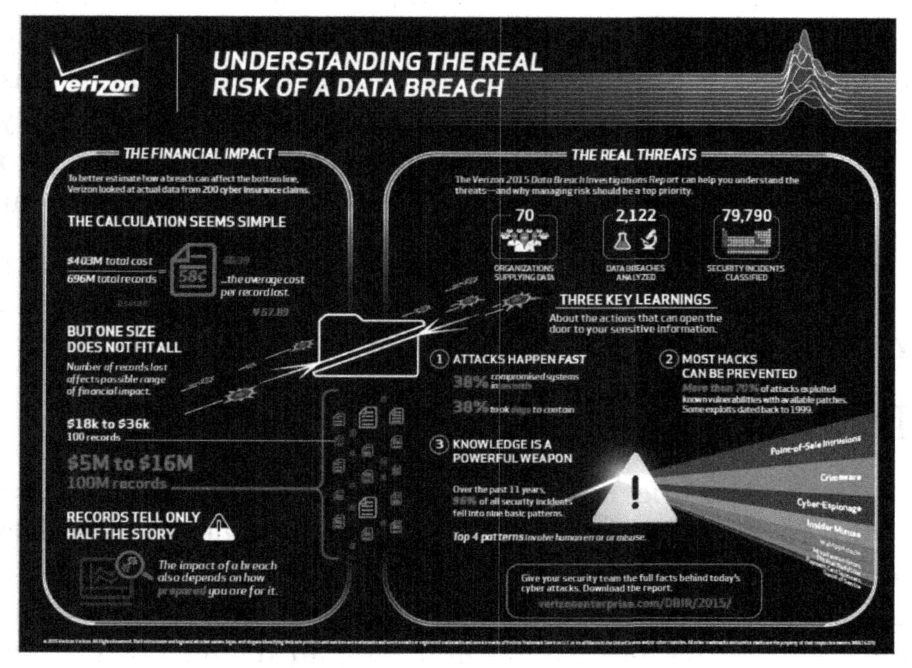

Gráfica 21-Entendiendo el Riesgo Real de una Filtración de Datos

Las organizaciones que les ha tocado aprender de forma reactiva a incidentes de seguridad informática, y que se han planteado seriamente el reto de aprender de la experiencia, en su mayoría terminan implementando las seis fases del manejo de incidentes:

1. Preparación.
2. Identificación.
3. Contención.
4. Erradicación.
5. Recuperación.
6. Lecciones aprendidas.

La gestión de incidentes, la detección de aplicaciones maliciosas y actividad en la red y las técnicas de ataque común que comprometen sistemas, entre otras cosas, conforman el pénsum de estudio de la *Certificación Dorada Manejador de Incidentes* (GCIH – Gold Certified Incident Handler, por su equivalente en inglés) del Instituto SANS, uno de los institutos con mayor credibilidad y fuente de capacitación en seguridad de la información en el mundo. No entraremos en los detalles de cada una de estas fases del manejo de incidentes, tan solo quiero unir los puntos, y destacar la importancia del conocimiento y la preparación. Nuestro enfoque es informativo, proactivo y preventivo, entiéndase, estar preparados antes de que un evento o incidente mayor suceda.

Creando una red en un hogar u oficina pequeña

Una red de oficina pequeña u oficina en casa (SOHO, Small Office-Home Office, por su denominación en inglés) nació con la idea de conectar los equipos destinados para un uso profesional o semiprofesional, que a diferencia de otros modelos, no están diseñados o pensados para asumir un gran volumen de trabajo.

Una red SOHO puede incluir también acceso a Internet, y para ello requerirá entonces de un módem y un enrutador (*router*, por su nombre en inglés), o en su defecto un *router* con módem incluido, un dispositivo híbrido capaz de ejecutar las dos funciones.

Una red típica del hogar u oficina, puede incluir múltiples computadoras, una impresora, un módem y un *router*. Una red del hogar grande puede también incluir un *switch*, puntos de acceso inalámbricos, consolas de video juegos, cámaras web, televisores y teléfonos inteligentes, así como cualquier otro dispositivo dotado de una interfaz de red.

Los equipos: Conceptos básicos

- ***Modem***: Conecta la computadora o el *router* con el proveedor de acceso a Internet (ISP, Internet Service Provider, por su nombre en inglés).
- ***Router***: Conecta sus dispositivos de red alámbricos e inalámbricos entre sí y con el *modem* (y eventualmente con el ISP). Los *routers* SOHO están diseñados para conectar al menos dos redes, comúnmente una LAN o red de área local (sus dispositivos en el hogar u oficina) y una WAN o red de área amplia (la red que lo conecta con su proveedor de Internet, y este, a su vez, con Internet). Los *routers* en realidad son las puertas de enlace (*gateway*, por su calificativo en inglés), los lugares en los que dos o más redes se conectan.
- ***Switch***: Es el equipo que permite conectar muchos dispositivos de red alámbricos a la red local (Tantos como puertos tenga el *switch*). Los *routers* SOHO, por lo general, traen integrado un *switch* de red (los puertos Ethernet). Si la red del hogar u oficina tiene más dispositivos alámbricos que los puertos disponibles en el router SOHO, se requerirá un *switch* adicional para consolidar todas las conexiones.

- **Tarjeta de red**: Es el adaptador que permite que los dispositivos (*routers*, computadoras, impresoras, tabletas, etcétera) se conecten a la red (NIC-Network Interface Card, por su designación en inglés) esta puede ser alámbrica estándar Ethernet con conector RJ-45 o inalámbrico. Sea cual sea su tipo, su función es agregarle conectividad al dispositivo.
- **Cable de conexión**: Un cable de red que se usa para conectar la computadora con el *switch*, *router* o *modem* (*patch cable*, por su nombre en inglés).
- **Computadora**: Computador, ordenador, computadora personal o simplemente PC (del inglés *personal computer*), es un dispositivo electrónico universal que con el uso de *software* especializado, facilita la gestión de información, actividades y proyectos, reduciendo el tiempo, esfuerzo y costo, al mismo tiempo que mejora la precisión.

Configurando una red SOHO:

1. Compre los equipos apropiados:

    - Computadoras con tarjeta de red Ethernet o capacidad de red inalámbrica.
    - Un módem para conectarse a la red del proveedor de servicios de Internet local, normalmente proporcionado por el proveedor del servicio.
    - Un *router* para conectar las computadoras y el módem.

2. Contrate el servicio de Internet que mejor le convenga en su localidad. Existen varios tipos de conexión: a través del servicio telefónico, servicio de TV por cable e inalámbrico. Si tiene la posibilidad de escoger, nunca olvide la relación precio/valor, la clave es la velocidad del servicio.

3. Asegúrese de seguir las recomendaciones de instalación de los fabricantes de los equipos.

    a) Verifique que su módem está trabajando correctamente. El proveedor del servicio, por lo general le brindará asistencia para la configuración y la verificación del servicio.
    b) Configure el *router* y verifique que funciona correctamente. Los fabricantes crean "Guías paso a paso" de cómo ejecutar estas actividades.

4. Conecte las computadoras a la red, verifique conectividad y acceso a Internet. De nuevo, los fabricantes, generan "Guías paso a paso" de cómo ejecutar estas actividades.

El objetivo fundamental de esta sección, no es crear la red, es defenderla. Muy probablemente usted ya tenga su red doméstica o de oficina en operación. Pero, en caso de que no, esa pequeña lista de pasos, lo orientará de cómo empezar.

Proteja su red SOHO

Verifique la integridad de su router

Como vimos en la infografía del "Reporte de Investigaciones de Filtración de Datos", de Verizon del 2015, más del 70 % de los ataques explotan vulnerabilidades con parches disponibles. Aunque usted no lo crea, los *routers* también son susceptibles de ser comprometidos en su seguridad. Mantener el *router* actualizado es crucial para permanecer seguro. Los *routers* SOHO son particularmente vulnerables porque están expuestos directamente a Internet. Por diseño, el *router*, conecta dos o más redes, en oposición al *switch* de red que conecta los equipos en una sola red. El *router* funciona con un "firmware" que es esencialmente su sistema operativo. Algunos *routers* son en realidad construidos sobre Linux, eso significa que las vulnerabilidades de seguridad existentes en el núcleo de Linux o *software* relacionado podrían afectar la integridad del *router* en cuestión. El *router* funciona como un servidor de seguridad (*firewall*, por su equivalente en inglés), protegiendo los demás dispositivos de conexiones entrantes (conexiones desde Internet). Es decir, ejecuta la función de escudo, ocultando los demás dispositivos para que no sean accesibles desde la Internet. El *router* es el punto de su red LAN que está expuesto directamente a Internet. Motivado a que cualquier atacante desde Internet podría contactar al *router*, es crucial que el *router* sea un punto seguro. Para ello, asegúrese de que el *router* de su red local está actualizado con la última versión de *firmware* liberado por el fabricante. A continuación, coloco a su disposición vulnerabilidades reportadas y casos de estudio. Se sorprenderá al ver las marcas y cantidad de modelos afectados.

Vulnerabilidades y exposiciones comunes:
CVE-2014-0659 - https://cve.mitre.org/cgi-bin/cvename.cgi?name=CVE-2014-0659
CVE-2013-6026 - https://cve.mitre.org/cgi-bin/cvename.cgi?name=CVE-2013-6026
CVE-2005-2374 - https://cve.mitre.org/cgi-bin/cvename.cgi?name=CVE-2005-2374

Casos de estudio:
Más de 60 vulnerabilidades reveladas:
- http://seclists.org/fulldisclosure/2015/May/129
Mass Exploit Hits Linksys E1000 and E1200 Wireless Routers:
- http://tinyurl.com/ztdkoaj
Security Vulnerabilities in SOHO Routers:
- https://www.exploit-db.com/docs/252.pdf

Asegúrese de que el modelo y marca de su *router* no aparece en las listas de modelos afectados, de hacerlo, cerciórese de obtener la última versión del *firmware* liberado para el modelo de su *router*.

Antes de avanzar, es importante dejar claro que el *router* constituye nuestro primer acercamiento con el frente de batalla, es la puerta de enlace natural de nuestra red local con la red del proveedor de acceso a Internet, y de allí en adelante con la red de redes.

Es técnicamente factible conectar su computadora directamente al módem que conecta con el proveedor de Internet. De hecho, las primeras conexiones a Internet desde el hogar u oficina se ejecutaban con la tecnología Dial-Up. Esta tecnología requería una línea telefónica analógica y un módem (**mod**ulador-**dem**odulador, de allí su nombre) para poder transferir información de una computadora a otra, a través de la línea telefónica. La tecnología Dial-Up se volvió obsoleta principalmente por su baja velocidad, pero fue pionera en su momento.

Con la aparición de la banda ancha (*broadband*, por su nombre en inglés), una técnica que incrementó considerablemente la capacidad de transmisión de información sobre un medio de comunicación usando una amplia gama de frecuencias, la expansión de Internet se incrementó exponencialmente. Este avance en las telecomunicaciones, permitió la evolución de Internet. Ahora el contenido multimedia podía transmitirse sin mayores inconvenientes, incrementando así la calidad de las páginas web. Entonces, audio, video, imágenes y texto, fluían con mayor naturalidad y nitidez. La Línea de Abonado Digital Asimétrica (Asymmetric Digital Subscriber Line, por su equivalente en inglés), fue una de las primeras tecnologías de banda ancha en aparecer, dado que se apoyaba en el cableado telefónico convencional existente. La necesidad, el público (el suscriptor o abonado) hambriento por mayor contenido y velocidad de conexión, ya existían. La parte asimétrica viene dada porque la tecnología ADSL fue pensada para que las capacidades de descarga (*downstream*, por su nombre en inglés) sean mayores a las de subida (*upstream*, por su denominación en inglés). El aspecto importante de destacar en este esquema de conexión, es que la computadora conectada directamente al módem recibe una dirección IP pública de la red del proveedor de acceso a Internet. Al ser una dirección IP pública, la computadora o dispositivo queda totalmente expuesta o alcanzable para cualquier atacante desde Internet. Es poco probable que este esquema (la computadora conectada directamente al módem) siga en uso dada la evolución de los dispositivos módem de banda ancha. Los nuevos dispositivos llamados *modem/router* son capaces de ejecutar muchas funciones simultáneamente, los más complejos, llegan a ejecutar hasta cuatro funciones en uno. Ejecutan la función de módem, *router*, *switch* y punto de acceso inalámbrico.

En la actualidad, muchos proveedores de servicio a Internet sugieren o proporcionan un *modem/router* como parte del contrato de servicios. Para maximizar el control administrativo del dispositivo tanto de sus funciones de enrutamiento como de las inalámbricas de la red de su hogar u pequeña oficina, se recomienda agregar un *router* de su propiedad que conecte con el *modem/router* proporcionado por el proveedor de servicios. De esta manera, usted se garantiza todas las propiedades administrativas de la red de su hogar u oficina. La verdad detrás de esto, es la existencia de una norma técnica TR-069 o Protocolo de Administración del Equipo del Cliente en la Red Amplia (CPE WAN Management Protocol, por su denominación en inglés, https://www.broadband-forum.org/technical/download/TR-069.pdf) que emplean las operadoras para configurar remotamente los *modem/router* ADSL o cable módem de los clientes. Aunque su existencia sea justificable por parte de las operadoras para brindar apoyo y soporte técnico a sus clientes, este protocolo también ejecuta funciones invasivas, que podrían resultar en una puerta trasera directa a su red. Bríndese usted mismo tranquilidad y asegúrese de agregar un *router* de su propiedad para recibir los servicios de Internet.

Cambie la contraseña del usuario administrador del router

Una vez que ya usted se ha garantizado que el *router* de su red local es libre de vulnerabilidades descubiertas y reportadas, y que se ha asegurado las propiedades administrativas del mismo, se hace necesario minimizar las probabilidades de ser víctimas de un ataque por mala configuración. Es que cada *router* alámbrico o inalámbrico, viene equipado con un sitio web interno o interfaz web de configuración para realizar los cambios administrativos en el dispositivo. El acceso a este sitio web requiere de un usuario y una contraseña. Cada fabricante genera su estándar por defecto para cada modelo fabricado. Es que un sistema robusto deja de serlo, si la contraseña es trivial, deducible o fácilmente identificable. Si usted no cambia la contraseña por defecto creada por el fabricante y que viene en la documentación del dispositivo, corre el riesgo de que alguien configure el equipo a su antojo, y en el peor de los casos, que el atacante cambie la contraseña de acceso al dispositivo, obviamente, dejándolo a usted fuera de juego. No se confíe, las contraseñas por defecto de los *routers* son públicas y están disponibles en la web, aquí una pequeña muestra:

- Router Password Database - http://www.routerpasswords.com/
- List of Default Router Passwords - http://tinyurl.com/2s4x9y
- Linksys Default Password List - http://tinyurl.com/gpwt4ut

Limite la administración de su router a la red interna

Elimine las posibilidades de que un atacante externo pueda hacer cambios en su *router*. Asegúrese de ir a la interfaz web del equipo y deshabilite la administración remota o externa del dispositivo. Oblíguese siempre a realizar cambios de configuración de red desde dentro de la red interna. Normalmente, los puertos señalados como Ethernet conforman la red interna (el *switch* que crea la red de área local o LAN), más todos los dispositivos con acceso inalámbrico. El puerto Ethernet, que explícitamente dice *Internet*, representa su red externa o WAN, su conexión con el proveedor de servicios de Internet, su vínculo a la red de redes.

Dado que el acceso inalámbrico es una extensión de la red alámbrica, usted debe asegurarse de deshabilitar también el acceso a la interfaz web de configuración del *router* por la vía inalámbrica. Aunque esta medida puede resultar incómoda para efectos administrativos, le garantizará que cualquier cambio de configuración deba realizarse a través de la conexión física a uno de los puertos de su *router*. No hay manera de llegar allí, sin antes violar la seguridad física de su hogar u oficina.

Proteja al acceso inalámbrico o red WiFi

Una red de área local inalámbrica (WLAN, Wireless Local Área Network, por su nombre en inglés), es una extensión de una red local alámbrica o LAN, conectada a través de un dispositivo llamado punto de acceso inalámbrico (*wireless access point*, por su nombre en inglés). Wi-Fi, significa "fidelidad inalámbrica" (*wireless fidelity*, por su equivalente en inglés), y es una marca registrada de la compañía Wi-Fi Alliance http://www.wi-fi.org/, que es la organización encargada de certificar que los equipos cumplan con el Estándar IEEE 802.11 para redes de área local inalámbricas – http://www.ieee802.org/11/. El estándar 802.11x se refiere a una familia de especificaciones (802.11a, 802.11b, 802.11e, 802.11g, 802.11n, 802.11ac, 802.11ac wave 2) desarrolladas por el Instituto de Ingenieros Eléctricos y Electrónicos, para tecnología LAN inalámbrica. Tomando en cuenta que el primer estándar fue aceptado por el IEEE en 1997, la tecnología inalámbrica ha evolucionado muy rápido y es particularmente compleja, de allí la cantidad de estándares disponibles. En resumen, el estándar 802.11x especifica una interfaz aérea entre un cliente inalámbrico y una estación base o entre dos clientes inalámbricos.

Dada la naturaleza de las redes WiFi, es decir, los dispositivos inalámbricos emiten señales de radio para trasmitir datos sin la necesidad de cables. Normalmente, dichas señales pueden cubrir un área amplia, y en muchos de los casos, mayor al requerido. Es totalmente factible que un intruso esté al acecho, al aire libre, con un computador con la intención de interceptar las señales de una red inalámbrica cercana. Debido a que gran parte del tráfico de la red inalámbrica puede contener información sensible, se convierte en una preocupación importante para muchos administradores de red y usuarios. Sin embargo, la tecnología inalámbrica provee ciertos niveles de seguridad que podemos agregar.

La responsabilidad de tener una red inalámbrica en operación, es quizá, el elemento más importante que debemos ponderar relacionado con la seguridad de una red WiFi. Cuando se ejecuta un contrato de acceso a Internet, es precisamente su nombre, dirección y teléfono estimado lector, lo que queda registrado y asociado en la base de datos del operador que le presta los servicios de acceso a Internet, en contraposición, una dirección IP pública le será asignada. Entiéndase que, cualquier acción realizada desde la dirección IP pública asignada a su nombre, usted es el primer responsable. En consecuencia, todas las acciones ilegales que un intruso o usuario no autorizado llegue a cometer a través de su red inalámbrica, pueden acarrearle serios problemas.

No brinde oportunidades innecesarias a los atacantes, cerciórese de:

Cambiar el nombre de la red WiFi: Cambie el nombre por defecto que le asigna el fabricante del *router* a la red inalámbrica. Sea creativo, evite develar quién es su proveedor de Internet, y por supuesto, coloque uno que no guarde relación con la clave de acceso a la red inalámbrica.

Imponer seguridad de acceso: Asegúrese de que su red no esté abierta. Las redes inalámbricas abiertas (que no solicitan clave de acceso) están disponibles para cualquier usuario, y cualquiera puede conectarse. Cerciórese de habilitar el sistema de seguridad más robusto, Acceso Protegido WiFi 2 (WPA2- WiFi Protected Access 2, por su título en inglés), que es la opción más segura. El acceso protegido WiFi 2 usa encriptación AES (Advanced Encryption Standard, por su nombre en inglés) que es el cifrado más moderno.

Deshabilitar el mecanismo configuración protegida WiFi: Es importante destacar que WPA2 Personal o WPA2-PSK, es decir, el acceso protegido WiFi 2 con una frase de contraseña fuerte, es seguro si el *router* no tiene habilitado el mecanismo de Configuración Protegida WiFi (WPS - WiFi Protected Access, por su designación en inglés), un estándar de seguridad de red presente en algunos *routers*. La idea fue buena, buscaba facilitar la configuración de la red inalámbrica con la menor intervención del usuario, pero falló en su intención. El mecanismo WPS tiene vulnerabilidad reportada https://cve.mitre.org/cgi-bin/cvename.cgi?name=CVE-2015-4141, y es susceptible a un ataque de fuerza bruta: https://sviehb.files.wordpress.com/2011/12/viehboeck_wps.pdf. Inhabilite este mecanismo en su *router* a través de la interfaz web de administración del dispositivo.

Establecer una clave WiFi fuerte: De nuevo, un sistema robusto deja de serlo si la contraseña es trivial o fácilmente deducible. De nada serviría usar el cifrado más avanzado, AES con WPA2, si la clave que usamos no es compleja, es muy corta o deducible. Considere usar una frase de contraseña (*passphrase*, por su nombre en inglés) en lugar de una contraseña. WPA2 ofrece un espacio de 8 a 63 caracteres para colocar una frase de contraseña. A continuación, coloco a su disposición varios sitios web que le permitirán evaluar la fortaleza de sus contraseñas.

- The Password Meter - http://www.passwordmeter.com/
- Secure Password Check - http://password.social-kaspersky.com/es
- Microsoft Telepathwords - https://telepathwords.research.microsoft.com/

Nota: Use el sentido común, no coloque su verdadera contraseña.

Cree su inventario de equipos

Ser proactivo significa, entre otras cosas, tomar la iniciativa, adelantarse a los acontecimientos tomando acciones creativas y audaces para generar mejoras. Aunque crear un inventario de equipos no es muy placentero la primera vez, debido a que requiere de esfuerzo y dedicación, sin embargo, si usted no sabe o no puede identificar con certeza si un equipo conectado a la red es de su propiedad, tampoco podrá saber si es un intruso.

Haga su inventario de equipos pensando en los dispositivos que son capaces de conectarse a la red. El elemento común y clave será la dirección de control de acceso al medio, dirección física, dirección de *hardware* o dirección MAC (Media Access Control, por su denominación en inglés), que es un identificador único de 48 bits, generalmente presentado en seis bloques hexadecimales, que identifican al dispositivo o interfaz de red, como por ejemplo, 00-23-15-25-D8-80. Tenga presente que la dirección MAC es básicamente la huella digital de cada equipo en la red, es imposible encontrar dos dispositivos de red que tengan la misma dirección física. Resulta interesante conocer que los primeros tres bloques hexadecimales de la dirección identifican al fabricante del equipo, y los tres bloques hexadecimales restantes, representan el número de serie que identifica al dispositivo en sí. El inventario no requiere de todos los detalles, pero sí los suficientes para facilitar la identificación de un dispositivo en la red. Observe, en la gráfica siguiente, un modelo de inventario de equipos.

	A	B	C	D	E	F	G	H
2	**Nombre**	**Direccion MAC**	**IP Address**	**Tipo de Dispositivo**	**Marca/Fabricant**	**Modelo**	**Firmware**	**Sistema Operativo**
3	Router	FC-FB-FB-04-B7-13	192.168.10.1	Router	Cisco	E1000 Wireless N	Version 2.1	Cisco Version 2.1
4	Computadora Carlos	00-23-15-25-D8-80	192.168.10.10	Portatil	Dell	INSPIRON N4010	Version 2.0	Windows 10
5	Computadora Miguel	00-23-15-13-B5-50	192.168.10.11	Portatil	Dell	INSPIRON N4010	Version 2.0	Windows 10
6	Computadora Maria	00-03-93-E0-0B-9E	192.168.10.12	Portatil	Apple	MacBook Air	Version 1.9	El Capitan
7	Impresora Epson XP-310	B0-E8-92-40-00-D8	192.168.10.13	Impresora	Epson	XP-310	Version 1.2	No Aplica
8								

Gráfica 22 - Inventario de equipos red doméstica

Asegúrese de registrar todos los equipos, inclusive aquellos que no están en operación. Tener una lista completa de todos sus dispositivos, será útil al momento de investigar dispositivos desconocidos que aparezcan conectados a la red. Equipos pasados por alto durante el inventario, darán lugar a falsos positivos cuando entren en operación. Recuerde que un inventario no es estático, quiero decir, es susceptible de cambios. Asegúrese de mantenerlo actualizado.

Explore su red

Ahora que puede identificar con confianza y convicción los equipos, resulta conveniente conocer qué dispositivos se encuentran conectados y operando en la red LAN. Explorar la red es un procedimiento que se ejecuta con la intención de identificar los equipos activos en una red particular, ya sea con el propósito de atacarlos o para evaluar la seguridad de la red en cuestión. Obviamente, nos ocupa la seguridad de la red. Hay varias opciones para explorar una red. Una computadora o un dispositivo móvil pueden ser utilizados para llevar a cabo una actividad de escaneo o exploración. En el mercado hay soluciones de *software* para escanear redes para todos los gustos, desde las fáciles de usar como Advance IP Scanner y la aplicación Fing, hasta las más complejas como NMAP y Wireshark. No pierda el foco, Advance IP Scanner, inclusive no requiere instalación. No olvide que el propósito de explorar la red, es cotejar que los equipos conectados y en operación, aparezcan en su inventario de equipos. Evite generar falsos positivos, si usted encuentra un equipo que no aparece en su inventario, cerciórese de que no es un equipo pasado por alto. En caso contrario, usted ha identificado a un intruso en su red.

Advertencia: Sea responsable, usar un *software* de exploración de redes no le da derecho a explorar otras redes sin el consentimiento expreso, y por escrito, de su dueño. Evite que lo confundan con un atacante, y generarse problemas sin necesidad.

A continuación, ubico a su disposición, las direcciones web con las herramientas de exploración de redes:

- Advances IP Scanner - http://www.advanced-ip-scanner.com/es/
- Wireless Network Watcher - http://www.nirsoft.net/utils/wireless_network_watcher.html
- MyLanViewer Network/IP Scanner - http://www.mylanviewer.com/
- Network Inventory Advisor - http://www.network-inventory-advisor.com/pc-inventory.html
- Wireshark - https://www.wireshark.org/
- NMAP: The Network Mapper - https://nmap.org/

Elabore un diagrama de la red

Es conocimiento universal que la información es poder y que una imagen vale más que mil palabras. Un diagrama visual de la red doméstica u oficina que muestra todos los dispositivos, qué dispositivos están conectados, y cuáles no, es una herramienta eficaz a la hora de resolver problemas. Un diagrama de la red puede refrescarle la memoria y proveer información rápida de cómo la red fue configurada en cuestión de segundos, y con seguridad, le ayudará a resolver problemas cuando eventualmente se presenten. Un diagrama de la red, es el complemento natural de su lista de inventario. No tiene que ser una obra artística, con tan solo graficar las conexiones, agregar la ubicación, el nombre, las direcciones MAC y direcciones IP (cuando corresponda) es más que suficiente.

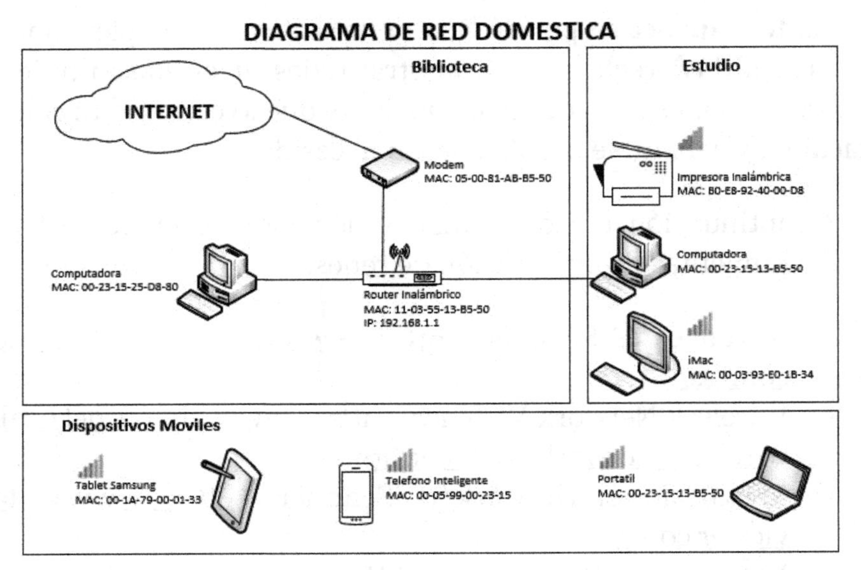

Gráfica 23-Diagrama de Red Domestica

Aplique contraseñas seguras en todos los dispositivos de red

En la actualidad, existen muchos dispositivos de aplicaciones específicas y de entretenimiento para el hogar (Home Entertainment Devices, por su nombre en inglés) reproductores multimedia como Roku 3, Google Chromecast, Amazon Fire TV, Apple TV y NVidia Shield; consolas de video juegos como PlayStation 4 y Xbox One, e impresoras, entre muchos otros, con capacidad de conexión a la red. Como estos equipos poseen su propia interface web de administración para configurar servicios, determinar estatus del dispositivo y de sus funciones. Sin una contraseña, o con una contraseña débil o contraseña por defecto, un atacante cualquiera podría usar el dispositivo para obtener acceso a la red local, y posteriormente, acceder a otros sistemas y dispositivos. Asegúrese de usar una frase de contraseña robusta para cada dispositivo conectado a la red, y que puede ser administrado a través de una interfaz web.

La mayoría de los dispositivos de entretenimiento, ya sean alámbricos o inalámbricos, son capaces de acceder a servicios en Internet, y aunque la conexión de estos dispositivos a Internet, desde una red doméstica en general, representa un riesgo de seguridad bajo, pueden implementarse medidas para garantizar que no se conviertan en la puerta de acceso de un atacante.

1. **Proteja el dispositivo dentro de la red**: Cerciórese de que el dispositivo está protegido por el *router/firewall*, es decir, que no es accesible a través de Internet. Si el dispositivo está conectado vía inalámbrica, de nuevo, siga las instrucciones de seguridad inalámbrica o WiFi vistas con anterioridad en esta sección.
2. Use una frase de contraseña **para las cuentas de servicio**: La mayoría de los dispositivos de entretenimiento requieren una cuenta de usuario para acceder a los servicios adicionales o tiendas de servicio como: PlayStation Network, Xbox Live, Netflix, Amazon Prime, iTunes, etcétera. Estas cuentas de servicio son particularmente delicadas, dado que, por lo general, almacenan información de tarjetas de crédito e información sensible.
3. **Desconecte el dispositivo cuando no esté en uso**: Apague los equipos o desconéctelos de la red, si no están en uso. Evite que los atacantes exploren su red a través de los dispositivos de entretenimiento. Dejar los equipos encendidos sin necesidad, significa exponerlos sin necesidad.

El perímetro de seguridad

Hasta ahora hemos visto las acciones que podemos implementar para proteger la red de un hogar u oficina pequeña. Básicamente, al implementar todas esas medidas, se construye un perímetro de seguridad. El perímetro es un límite entre dos zonas de confianza, una frontera, el lugar propicio para inspeccionar y controlar el tráfico que fluye hacia dentro y fuera. Dado que se controla el tráfico de entrada y salida, en consecuencia, se crea un lugar seguro donde operar, sin que un intruso o atacante pueda violar los principios básicos de la seguridad de información (confidencialidad, integridad y disponibilidad) de los activos de información, entiéndase, las computadoras y demás dispositivos conectados a la red, y la información que en ellos se crea, gestiona y administra. En una red SOHO, el perímetro queda conformado entonces por el *router/firewall* y la red WiFi. Las propiedades de dicho perímetro variarán según las bondades que ofrezca el dispositivo híbrido seleccionado para recibir los servicios de Internet, y como vimos, también de las acciones que usted sepa implementar.

Para ilustrar mejor la idea, piense en el perímetro de la red como un castillo en la época medieval. Para proteger la fortificación le construían un gran canal alrededor lleno de animales depredadores, paredes amuralladas, puertas gigantes, y adicionalmente, le colocaban muchos guardias en las puertas para controlar quiénes tenían acceso al castillo, y quiénes no. Desde entonces, la gente ha comprendido la importancia de tener múltiples capas de seguridad. El concepto no es muy diferente, hoy en día, en la seguridad de la información. Sin embargo, ninguna defensa es 100 % efectiva. Vale la pena recordar la Guerra de Troya, en la mitología griega. Los griegos con gran ingenio se inventaron un caballo gigante de madera, en cuyo interior ocultaron un grupo de guerreros y lo dejaron en las inmediaciones de la ciudad. Los troyanos, al no entender qué era aquello, confundieron el caballo gigante con una ofrenda y lo introdujeron ellos mismos a la ciudad, cosa que festejaron con una gran celebración. Los guerreros griegos esperaron pacientemente el mejor momento para actuar. Cuando los guerreros griegos salieron del caballo, encontraron a la ciudad dormida bajo los efectos de la celebración. Una vez abiertas las puertas de la ciudad por parte de los guerreros intrusos, las tropas que esperaban para atacar destrozaron la ciudad. De nada sirvieron las paredes amuralladas y perimetrales de la ciudad.

La evolución de los dispositivos SOHO ha mejorado considerablemente el perímetro de la red (los controles de protección y seguridad) para oficinas pequeñas o del hogar, con nuevas soluciones pensadas en arquitecturas llamadas “todo en uno”. Dispositivos híbridos que combinan el *hardware* y todos los servicios de aplicaciones necesarios para una protección de red exhaustiva contra *malware*, prevención de intrusiones, filtrado de contenido y servicio de anti *spam*, entre muchas otras propiedades.

Construya capas de seguridad alrededor de su castillo, léase, su red local. Esa es la razón por la cual es tan importante la defensa en profundidad, cuando se trata de construir seguridad. Si falla el mecanismo perimetral, un segundo control, es decir, una segunda capa de seguridad, se encargaría de contener, mitigar o disminuir el efecto de un ataque.

Proteja sus dispositivos de computación personal

El panorama de las amenazas está cambiando de forma acelerada. Inicialmente, los cibercriminales atacaban los servidores, es decir, los equipos más poderosos y con mayor cantidad de recursos, y sobre los cuales dependían muchas funciones organizacionales, razón por la cual, en los servidores reside la mayoría de los activos de información. En la medida en que la seguridad informática mejoró, atacar servidores dejó de ser atractivo para los criminales digitales. Irrumpir en los sistemas se hizo cuesta arriba obligando a los cibercriminales a cambiar. Penetrar una fortaleza no sería tan difícil, si se cuenta con las llaves de las puertas principales. Los cibercriminales, entonces, centraron sus esfuerzos en el robo de identidad. Ya no sería tan difícil conectarse a un servidor, si se dispone de un usuario y contraseña (las llaves del reino) con que conectarse. De allí que, la movilidad representa el final del perímetro de seguridad. Con la revolución de los dispositivos inteligentes y móviles, el perímetro de seguridad se está desvaneciendo, o quizá ya se ha ido. De allí que es necesario adaptarse al nuevo entorno de amenazas y agregar otra capa de seguridad.

Tome en cuenta que ahora los cibercriminales atacan navegadores web, aplicaciones y servicios web, correo electrónico, reproductores multimedia, mensajería instantánea, y otros similares, con la intención de obtener sus credenciales de usuario, dando lugar a lo que se conoce como "ataques del lado del cliente" (*client side attacks*, por su nombre en inglés). Los dispositivos de computación personales incluyen computadores de escritorio, computadoras portátiles, teléfonos inteligentes, tabletas, consolas de juego, y todo dispositivo capaz de conectarse a la red, motivado a que la mayor parte de su información se almacena y se accede a través de estos dispositivos, es necesario adoptar medidas para asegurarlos.

Migre a un sistema operativo moderno

Definitivamente, migre a un sistema operativo de última generación. La versión más reciente de cualquier sistema operativo inevitablemente contendrá mejoras y corrección de errores de vulnerabilidades reportadas, más las nuevas características de seguridad no disponibles en versiones anteriores. Muchas de estas características ya vendrán activadas por defecto para prevenir los tipos de ataques más comunes. La evolución del *hardware* también cuenta, asegúrese de usar un sistema operativo de 64 bits en una plataforma de *hardware* de 64 bits, esto aunque imperceptible ante los ojos de un usuario regular de computadoras, aumenta considerablemente el esfuerzo de un atacante para obtener privilegios de acceso en el equipo.

Instale software de seguridad integral

El *software* antivirus per se, como herramienta de seguridad ha muerto. Esa verdad la deja al descubierto, Danny Yadron, en el año 2014, en su artículo "Symantec Develops New Attack on Cyberhacking" publicado en el periódico "The Wall Street Journal" – http://tinyurl.com/jrmm2g9, donde revela en palabras de Brian Dye, vicepresidente de Symantec para la seguridad de la información, *"El antivirus ahora capta sólo el 45 % de los ataques cibernéticos"*. (Yadron, 2014). Los sistemas operativos de última generación, sin duda, traen consigo mejoras en la seguridad. Pero las compañías de *software* que crean los sistemas operativos no son especialistas en seguridad. Hacen su mejor esfuerzo claro está, sin embargo, asegúrese de instalar una *suite* integral de seguridad que le provea defensa por capas, vía antivirus, anti-phishing, navegación segura, sistema de prevención de intrusos y cortafuegos. Muchas *suites* de seguridad integral como McAfee, Norton, Bitdefender, ZoneAlarm, Avira, Kaspersky, AVG, TRENDMicro, etcétera, proveen acceso a servicios en la nube que facilitan el acceso a bases de datos de historia y conocimiento corporativo de *malware* y servicios de reputación. Cerciórese de habilitar las actualizaciones automáticas, gran parte de las bondades del software de seguridad dependen de mantener las firmas de *malware* actualizadas.

Adopte el principio de mínimo privilegio para sus actividades informáticas diarias

Limite el uso de su usuario administrador. En los sistemas operativos, la cuenta o usuario administrador es altamente privilegiada y tiene la posibilidad de acceder a toda la información y la capacidad de cambiar cualquier configuración en el sistema. Por lo tanto, cada vez que usted visita una página web y esta contiene código malicioso oculto, dicho código podrá comprometer de manera eficaz su sistema, si se ejecuta con privilegios administrativos. Algo similar sucede cuando usted recibe correo electrónico que contiene documentos adjuntos con código malicioso oculto.

Practique el "principio de mínimo privilegio", cree una cuenta de usuario estándar "sin privilegios administrativos" para su uso regular durante sus actividades informáticas diarias como la navegación web, acceder al correo electrónico, y la creación y edición de documentos. Utilice la cuenta de administrador solo para reconfiguraciones del sistema e instalaciones de *software* o actualizaciones.

Practicar el "principio de mínimo privilegio", es quizá tan o más eficaz que la utilización de un antivirus. Un código malicioso puede ejecutarse, pero si no tiene la permisología necesaria para hacer los cambios, no podrá afectar el sistema. Los antivirus se basan en huellas de código que comparan una y otra vez, cuando encuentran una coincidencia, entonces, se ha detectado un virus. Si no hay registros del código malicioso en las firmas del antivirus, el virus entonces, actuará a sus anchas.

Haga un inventario de sus aplicaciones

De la misma forma que para proteger la red es imprescindible conocer todos los equipos en operación, para resguardar la estación de trabajo (léase, el teléfono inteligente, la tableta y la computadora), es indispensable conocer todas las aplicaciones instaladas y en operación. El inventario de aplicaciones es un complemento del inventario de equipos, sobre todo si se dispone de varias estaciones de trabajo, y cada computadora esta personalizada y tienen roles asignados. Lo ideal es que la responsabilidad del control de la instalación de nuevas aplicaciones o programas recaiga sobre los padres o responsable familiar, quien a su vez, debe controlar la cuenta de usuario administrador. Esto se hace particularmente complicado en las familias donde los más jóvenes son nativos digitales y que sobre ellos recae esta responsabilidad administrativa. Sea cual fuese su caso, lo ideal es que el responsable esté familiarizado con el *software* que está corriendo en cada estación de trabajo. Familiarícese con las aplicaciones instaladas en su computadora. En una estación de trabajo con el sistema operativo Windows, usted puede acceder a la lista de aplicaciones instaladas a través del ***Panel de Control*** > ***Programas y Características***. En una computadora Mac, use el ***menú de la manzana,*** seleccione ***Acerca de este Mac***. Sobre la ventana emergente, haga clic sobre el botón ***informe del sistema***. En la nueva ventana emergente del informe del sistema, ubique en el panel izquierdo la opción ***Software***, y después, seleccione ***Aplicaciones***. Eso le mostrará todas las aplicaciones instaladas en la computadora Mac. Observe a continuación, en la gráfica número 24, la lista de las aplicaciones instaladas tanto en una computadora Windows como Mac.

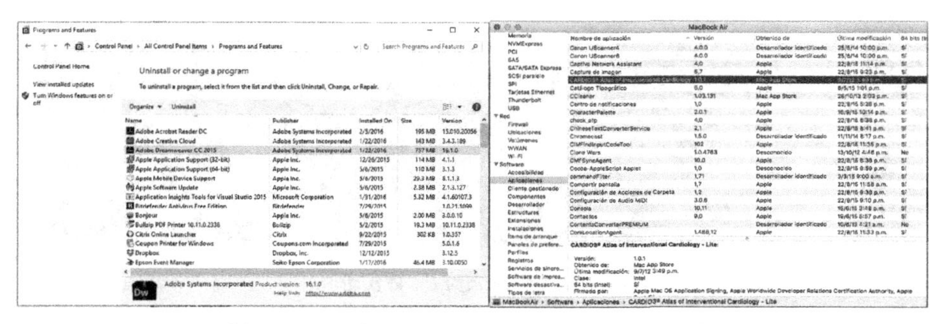

Gráfica 24- Aplicaciones Instaladas Windows/Mac

Crear un inventario de aplicaciones o programas instalados en la computadora consume tiempo, especialmente si se hace de forma manual. Para ayudarle en esta tarea, a continuación le facilito los *scripts* (órdenes o archivo de órdenes) necesarios para automatizar este proceso, tanto en la plataforma Windows como Mac.

Windows:

get-wmiobject -class win32_product | select vendor, name, version | sort-object vendor, name | export-csv c:\users**[Usuario]**\aplicaciones.csv –notype

Para ejecutar este comando de Windows PowerShell (cmdlets, por su nombre en inglés) en Windows, presione la tecla con el logotipo de Windows o ***tecla Windows + R***. En la ventana **Ejecutar**, en el cuadro de diálogo, escriba ***cmd*** y luego presione la ***tecla Enter*** o haga clic en el botón ***Aceptar***. En la ventana de comandos o símbolo del sistema, escriba ***powershell*** y presione ***Enter***, para invocar a la interface de Windows PowerShell. Ya ubicado en la consola PowerShell, escriba el comando tal y como se proporcionó, con la excepción de sustituir "[Usuario]" por el nombre de usuario de la sesión desde donde ejecuta la orden. Presione ***Enter***, para ejecutar el *script*. Si todo marchó bien, en la carpeta C:\users**[usuario]** encontrará un archivo de nombre ***aplicaciones.csv***, que podrá entonces manipular y complementar en Microsoft Excel u Hoja de Cálculo Google. Observe a continuación en la gráfica número 25, el *script* en PowerShell.

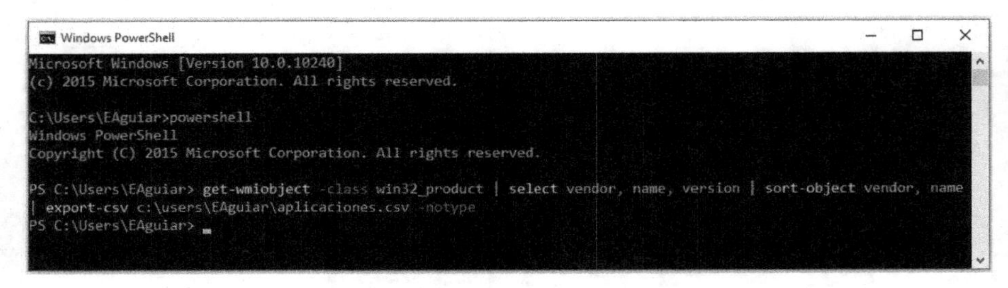

Gráfica 25- Script en Windows

Mac

System_profiler –detailLevel full SPApplicationsDataType > aplicaciones.txt

Para ejecutar este comando en Mac, primero es necesario abrir la consola ***Terminal***. Para ello, en el ***Finder***, ubique la carpeta ***Aplicaciones*** y luego abra la carpeta ***Utilidades***, una vez dentro, seleccione la aplicación **Terminal**, presione ***Enter*** o ejecute un doble clic. Ya ubicado en la terminal de Mac, escriba el comando ***cd documents*** y presione ***Enter*** para cambiar la ubicación a la carpeta ***documentos***. A continuación, escriba el *script* para Mac tal y como se proporcionó. Entonces, presione ***Enter*** para ejecutar el *script*. Si todo marchó bien, dentro de la carpeta ***Documentos*** encontrará un archivo de nombre ***aplicaciones.txt***, que podrá entonces manipular o complementar. Observe a continuación en la gráfica número 26, el *script* en la terminal Mac.

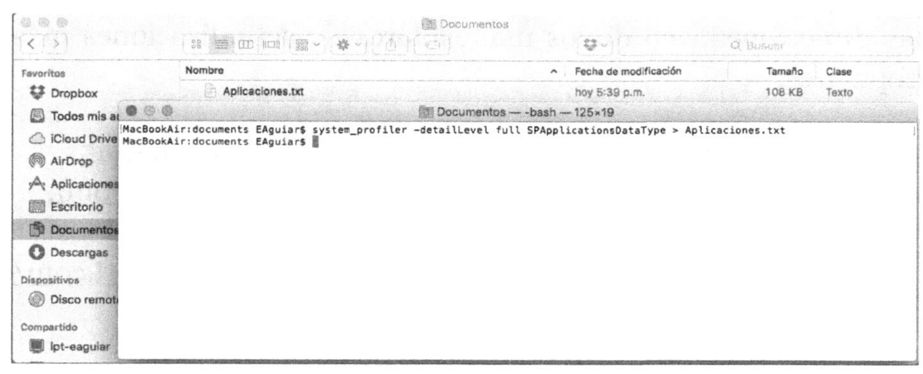

Gráfica 26-Script en la Terminal Mac.

Instale un manejador de actualizaciones

Lo vimos en el *Reporte de Investigaciones de Filtración de Datos,* de *Verizon,* del 2015: *"La mayoría de los ataques pueden ser prevenidos, más del 70 % de los ataques explotan vulnerabilidades con parches disponibles"*. Es que una de las mayores amenazas en la seguridad informática, no proviene de los cibercriminales o ladrones de identidad como muchos piensan, en realidad viene de los ***Usuarios Regulares*** de computadoras. Sí, tal y como lo está leyendo. Un usuario de computadoras desinformado y con el *software* de la computadora desactualizado o fuera de fecha, conforman el blanco perfecto para ser atacado. Se puede poner fin a esta amenaza habilitando la característica de actualización automática para todas las aplicaciones o programas que ofrecen esta característica e instalar inmediatamente la actualización, tan pronto como reciba la notificación. Sin embargo, dado que muchas aplicaciones carecen de actualización automática, asegúrese de usar un manejador de actualizaciones. Un *software* especial diseñado para evaluar las aplicaciones instaladas e indicarle cuáles aplicaciones o programas finalizaron su vida útil y cuáles necesitan un parcho o una actualización. Esa acción le garantizará la posibilidad de tomar acciones antes de ser comprometido en su seguridad informática. A continuación, pongo a su disposición las direcciones web de los manejadores de actualizaciones más populares:

- Flexera Software/Secunia - http://tinyurl.com/h4jpf5x.
- Qualys Continuous Security - https://www.qualys.com/.
- GFI LanGuard - http://tinyurl.com/jxpkadu.
- Desktop Central/ManageEngine - http://tinyurl.com/nrqen2b.
- PatchSimple - https://www.patchsimple.com/.

Use un navegador web con capacidades sandboxing

Sandbox es una palabra compuesta en inglés que significa "caja de arena" (*sand*: arena y *box*: caja), y que en seguridad informática se usa para aislar procesos y ejecutar programas en entornos separados con seguridad. Básicamente un *sandbox* es un entorno de pruebas que funciona separado del entorno de producción.

Sandboxing es una característica de seguridad creada por el equipo diseñador del navegador Google Chrome para mejorar la seguridad del navegador. Como resultado, en el navegador Chrome cada aplicación o sitio web abierto es un proceso independiente. Si se abre una página web que contiene código malintencionado oculto que pudiera dañar el computador, el código malicioso será contenido (encerrado) dentro del entorno de pruebas para que no afecte las otras tareas del navegador o sistema operativo. El mecanismo del *sandboxing* retiene el *malware* durante la ejecución, aislando así el sistema operativo subyacente de ser alterado o comprometido en su seguridad. Dado que visitar servidores web comprometidos o maliciosos es un vector de ataque común, considere la posibilidad de usar un navegador web con capacidades *sandboxing* disponibles en la actualidad, como por ejemplo: Google Chrome, los creadores del estándar, Safari y Microsoft Edge.

Deshabilite el protocolo de Internet versión 6

Como vimos al final del *capítulo 3 – "Los números mágicos"*, el direccionamiento IPv4 se está agotando. El direccionamiento IPV6 que expande el direccionamiento IP, fue pensado para garantizar el crecimiento de Internet en las generaciones futuras. Aunque el direccionamiento IPv6 está disponible desde el año 2010, todavía no se ha masificado su uso. Los dos IPv6 y su predecesor, IPv4, son los protocolos usados para la comunicación en la Internet. En los sistemas operativos modernos IPv6 viene configurado por defecto. Ahora bien, si el protocolo IPv6 está habilitado en su dispositivo, pero no está soportado por los demás dispositivos en la red a través de la cual su dispositivo se comunica, es muy probable que el sistema operativo intente enviar tráfico IPv6 envuelto en túneles IPv4. Teredo, 6to4 e ISATAP (Intra-Site Automatic Tunnel Addressing Protocol, por su denominación en inglés) son tecnologías de transición que proporcionan conectividad IPv6 en dispositivos que se encuentran conectados a Internet mediante una red IPv4. Motivado a que un atacante inteligentemente podría usar estos túneles para crear un canal de comunicación oculto, desde y hasta su dispositivo, se recomienda deshabilitar el protocolo IPv6 y los mecanismos de túnel. A continuación, detallo las direcciones web que le permitirán verificar su método de conexión a Internet:

- Test my IPv6 - http://testmyipv6.com/.
- What is My V6 - http://whatismyv6.com/.
- IP 6 Tools - http://ip6tools.com/check_client.php.

Fortalezca la Capa 8

Actualmente, la arquitectura de defensa en profundidad (*defense in depth*, por su nombre en inglés), representa la metodología de trabajo o mejor práctica para defender la infraestructura de datos corporativa contra las amenazas persistentes avanzadas de hoy. Es que las empresas, los proveedores de servicios de Internet, las agencias gubernamentales y las universidades, todos, absolutamente todos, están desplegando tecnología de última generación en capas con el fin de proteger la red. El modelo es simple, si falla una primera capa de seguridad, una segunda capa o control de seguridad a un nivel más profundo, se encargaría de contener el ataque. Dos capas de protección siempre ofrecerán mayor seguridad que una. Obviamente, aplicar un control de seguridad siempre lleva un costo asociado, algo que obliga a evaluar si el activo de información a proteger requerirá una, dos o tres, o las capas de seguridad que sean necesarias. Ya lo vimos en el *Informe de Seguridad Cisco 2015,* los atacantes están comprometidos en desarrollar nuevas técnicas para evadir controles y ocultar sus actividades clandestinas. Es una batalla sin fin y sin tregua. El punto es que los usuarios se han convertido en el eslabón perdido de la cadena de seguridad informática, y ya sabemos que la seguridad informática, es un problema relacionado con la gente. Visto con humor, el problema está entre la silla y el teclado.

Ya hemos construido nuestras dos primeras líneas de defensa. Vimos qué medidas podemos implementar para crear la red y defenderla, es decir, creamos un perímetro de seguridad. Entonces, si este perímetro no logra detener a un atacante, vimos qué acciones podemos implementar para proteger nuestros dispositivos de computación personal. Sin embargo, no debemos olvidar que la fortaleza de la cadena es equivalente a la fortaleza de su eslabón más débil, quiero decir, los usuarios.

La Internet es una herramienta poderosa, pero no es inmune a los riesgos. Un robo físico implica el hecho de que el propietario del activo puede notar su ausencia relativamente rápido. Por el contrario, en el ciberespacio, si y solo si el ladrón destruye la información (borra los archivos o causa daños físicos en el disco duro o medio de almacenamiento) durante el robo, el propietario de la información se dará cuenta de que algo paso o sucedió, de lo contrario, la información original estará allí incluso si el ladrón tiene una copia completa y exacta de los datos. De ese pequeño, pero fundamental detalle, se valen los cibercriminales para cometer sus fechorías. Usan el conocimiento que poseen sobre la tecnología para sacar provecho de quienes, ingenuamente, navegan o deambulan por el ciberespacio.

El usuario regular de computadoras representa un problema en la seguridad informática. Incluso, son un problema para ellos mismos. Su ingenuidad, sin querer, los coloca en una posición inadecuada, los pone absolutamente en riesgo. El ciberespacio ya no es el lugar seguro que solía ser, y todos sus participantes están bajo ataque los 365 días del año, las 24 horas del día. De la misma forma en que un conductor decide quitar la vista del camino, para enviar mensajes de texto mientras maneja, cosa que describe el comportamiento de un conductor irresponsable que se pone en riesgo a sí mismo y a los demás. Un usuario de computadoras que ignora las actualizaciones o parchos de seguridad, que cree que todo lo publicado en la web es cierto, que baja e instala *software* de origen desconocido, entre muchas otras cosas, inevitablemente abre la puerta para ser comprometido en su seguridad informática, tirando a la basura todas las capas o controles de seguridad establecidos. Usted necesita saber cómo y por qué usted es un riesgo para su seguridad informática, y mucho más importante, qué puede hacer para reducir o eliminar dichos riesgos. Seguidamente, se describen los comportamientos inseguros más comunes.

Creer que todo lo publicado en la web es verdad

Desafortunadamente, demasiadas personas creen ciegamente en cualquier cosa, y lamentablemente, muchas en todo lo que se publica en la web. "Todos los días sale un tonto a la calle, y el que lo agarre es de él", un dicho de la sabiduría popular en mi natal Venezuela. Tan solo cambie la calle, por la web, y entenderá rápidamente el mensaje. Es importante darse cuenta de que la mayor parte del contenido de los sitios web y las redes sociales, son diseñados para captar su atención, y muy probablemente también su dinero, no están allí para hacer una distribución equitativa de los hechos o la verdad. Ciertamente, la Internet es una fuente inagotable de información que está en una constante evolución, sin embargo, cuando la prestación de servicios y comercio electrónico se hacen presentes, los intereses y las motivaciones de los participantes en la web cambian.

En los últimos años se ha visto un aumento significativo en la incidencia del robo de dinero mediante estafas en la web, robo de identidad, ataques de *phishing*, y campañas de mercadeo viral, entre muchas otras. Está en sus manos, estimado lector, ser incrédulo o ser escéptico sobre cualquier asunto, tema o negocio que usted lea e interactúe en la web. Use el sentido común, tómese el tiempo para investigar el origen de la información. Si su instinto le indica que parece muy bonito como para ser verdad, es que muy probablemente no es verdad. Recuerde que las instituciones u organizaciones serias, construyen reputación. Trate de corroborar o refutar fuentes, tanto en la web como fuera de ella. Si no puede determinar que algo es claramente cierto, entonces retrase su respuesta y cualquier otra acción requerida. No sea usted la próxima víctima, no forme parte de la masa crítica, no ejecute ninguna respuesta instintiva, sea paciente y cuidadoso. Su cautela, puede marcar la diferencia, entre caer en la trampa o salir ileso. Observe a continuación, en la gráfica número 27, cómo luce una publicidad engañosa creada por la *Comisión Federal de Comercio* (FTC - Federal Trade Commission, por su equivalente en inglés) de los Estados Unidos, para ayudar al consumidor a probar su instinto y a no creer ciegamente en todo lo publicado en Internet.

Gráfica 27- Berenjena FatFoe

Dedique unos minutos a visitar estas páginas web y entrene su instinto para no ser engañado con facilidad:

- Glucobate - https://www.wemarket4u.net/glucobate/index.html
- Sundae Station - https://www.wemarket4u.net/sundaestation/index.html

- Fatfoe - https://www.wemarket4u.net/fatfoe/index.html
- Viriliteas Seniors - https://www.wemarket4u.net/viriliteas/index_seniors.htm
- Viriliteas Young - https://www.wemarket4u.net/viriliteas/index_young.htm

Instalar software de origen o fuentes desconocidas

"No hay almuerzos gratis" es una frase que le pertenece a Milton Friedman, un académico, estadístico y Premio Nobel en Economía, de origen estadounidense (Friedman, 2002). Hoy vuelta conocimiento general. Económicamente hablando, se dice que nada en realidad es gratis. Dedíquele unos minutos a pensarlo. Siempre habrá alguien que pague la cuenta, no más asegúrese que no sea usted. De nuevo, "todos los días hay un tonto deambulando en la web, y el que lo agarre es de él". Los cibercriminales son expertos generando las oportunidades para captar nuevas víctimas. Una forma de lograrlo, es ofreciendo *software* "gratis". Es necesario aclarar que, el *software* gratis existe. El *software* **Freeware**, que se distribuye de forma gratuita, pero su creador conserva los derechos de autor. El *software* **Shareware**, que es una modalidad de distribución de *software*, el usuario tendrá el derecho de evaluar gratuitamente el producto, y el producto puede o no tener limitaciones. **Free Software o Software Libre**, es el *software* cuyos creadores garantizan la libertad de los usuarios de ejecutar, copiar, distribuir, estudiar y cambiar el programa. Dado que el usuario puede estudiar y cambiar el programa en cuestión, muchos se refieren también a esta categoría como *software* de código abierto, sin embargo, el *software* de código abierto y el *software* libre, no son exactamente lo mismo. Hay toda una filosofía detrás de esto, así lo da a conocer la *Fundación de Software Libre* (FSF – Free Software Foundation, por su nombre en inglés), *"El Software Libre es una cuestión de Libertad, no de precio"*. https://www.fsf.org/es/about (FSF, 2011). Para finalizar, también existe el **Software Cracking o Software Crackeado**, que es un *software* modificado sin la autorización del autor, que principalmente evade los controles de seguridad del *software* comercial original, y que en la mayoría de los casos, agrega código malicioso oculto.

Entonces, asegúrese que conoce claramente el tipo de *software* que descarga e instala proviene de un origen con buena reputación y es merecedor de su confianza, caso contrario, usted mismo estaría instalando *malware* en su computadora, por consiguiente, le abriría la puerta a los estafadores y cibercriminales.

Mención aparte merece el *software crackeado*, que es un *software* que es comprado o descargado deliberadamente por los usuarios para "ahorrar dinero". El *software crackeado* es la fuente primaria del mercado pirata. Yo, particularmente creo en Dios, en la hermanitas de la caridad y los establecimientos de buena voluntad, pero, no creo en el *software* pirata. Este tipo de *software* lo venden por menos del 10 % del costo del valor del *software* comercial original. Los cibercriminales, inteligentemente, usan el incentivo económico como una manera de capturar incautos. Es allí donde el amigo Friedman, hace su entrada magistral: *"No hay almuerzo gratis,"* y yo debería agregar que "no hay *software* comercial gratis o a tan bajo costo". Antes de usar *software* pirata, considere usar *software* libre. Para quienes hemos reparado computadoras infectadas con *malware*, nos queda clara la relación existente entre el *software* pirata y la presencia de código malintencionado corriendo en el sistema. Seguidamente, observe en la gráfica número 28, el *Índice de Software Ilegal y Tasa de Computadoras Infectadas con Malware por país del año 2013, tomado del Libro Blanco* - El *software* sin licencia y las amenazas a la seguridad informática, estudio ejecutado por IDC y patrocinado por la Business Software Alliance http://globalstudy.bsa.org/2013/Malware/study_malware_esmx.pdf (IDC, Enero de 2015).

Indice de Software Ilegal y Tasa de Computadoras Infectadas con Malware por País, 2013 (%)		
País	**Indice de *software* ilegal**	**Tasa de *malware***
Venezuela	88	32
Argentina	69	25
Ecuador	68	35
Uruguay	68	19
Perú	65	37
Chile	59	22
México	54	31
Colombia	52	29
Brasil	50	31
Estados Unidos	18	13

Gráfica 28-Software Ilegal y Tasa de Computadoras Infectadas

Dado que es mejor usar *software* libre en lugar de *software* pirata, hay una cosa más de la que debemos estar pendiente: del **Adware** o **Software Publicitario**. *Adware* es un término usado para describir un programa que muestra publicidad sin el consentimiento del usuario y por esa razón es considerado invasivo de la privacidad. El prefijo "ad", viene del inglés "advertising", es decir, publicidad. Hay varios tipos de *adware*, algunos son especialistas en secuestrar la configuración del navegador de Internet mediante la adición de redirecciones; otros se encargan de ofrecer anuncios emergentes no deseados. Y el peor, el ***spayware***, que no muestra signos de la infiltración, sin embargo, se encarga de rastrear los hábitos de navegación de los usuarios mediante el registro de las direcciones IP, las páginas web visitadas, nombres de usuario y contraseñas, entre muchas otras cosas. Gran parte de los programas que se distribuyen gratuitamente como los *freeware* o *shareware*, son utilizados para agregarle *software* publicitario.

Evite la instalación de programas publicitarios. Que usar *software* libre no signifique abrirle la puerta al *adware*. Asegúrese de descargar el *software* libre directo desde los servidores del autor y no de sitios web alternativos. Cuando ejecute la descarga, evite utilizar *software* administrador de descargas, si es obligatorio emplear dicho programa, entonces ya no es *software* libre, muy probablemente el *malware* está allí, en el programa administrador de descargas. Al ejecutar la instalación, asegúrese de elegir siempre la opción **"Avanzada"** o **"Detallada"** de la instalación en lugar de **"Típica"** o **"Por defecto"**, ya que la elección de las opciones por defecto son la vía rápida para la instalación indeseada del *software* publicitario.

Poco sentido común

Comparto con usted, estimado lector, una cita muy famosa de Albert Einstein: *"Dos cosas son infinitas: el universo y la estupidez humana; y yo no estoy seguro sobre el universo"*. Fue la manera elegante que el señor Einstein encontró para señalar la torpeza del ser humano en comprender las cosas. Es que cuando un usuario torpemente cae en la trampa, por desconocimiento o ignorancia, nos damos cuenta que la estupidez tiene o guarda relación directa con el sentido común. Ciertamente, no hay una vacuna para prevenir la estupidez humana, pero sí podemos entrenar nuestro sentido común. De acuerdo con Yash, Hipat Roses e Imeld, el sentido común es *"el don provisto para saber distinguir todo lo que nos rodea: el bien, el mal, la razón y la ignorancia"*. (Gonzalez, 2013).

Es primordial reconocer el peligro en el entorno, pongámoslo en contexto, poco sentido común exhibe un usuario que va a realizar transacciones bancarias en línea en una computadora de uso público en un cibercafé o centro de comunicaciones, teniendo computadora en casa. No hay necesidad de exponer su información bancaria en un sitio público, particularmente si dispone de un lugar seguro. Los riesgos inherentes de usar una computadora de uso público son altísimos, dado que usted no conoce en detalle todo el *software* que está corriendo en la estación de trabajo que le será asignada. No es que no se pueda usar una computadora de uso público, se puede, pero no para confiarle la información de sus tarjetas de crédito e usuarios y contraseñas de administración de sus cuentas bancarias. Si no tiene alternativa, y la circunstancia obliga, evalué el entorno, cámaras de vigilancia, disposición del monitor, aspecto general del lugar, todo eso cuenta. Recuerde, si no percibe confianza, no lo haga. Hay bibliotecas públicas que ofrecen cierta seguridad como para atreverse a ejecutar transacciones bancarias o compras en línea. Ejecute su transacción disimuladamente, en realidad nadie tiene que saber que usted está ejecutando una consulta a su banco o comprando por Internet, y lo más importante, asegúrese de que el sitio web con el que interactúa para la transacción, utiliza el *Protocolo de Transferencia de Hipertexto Seguro* (HTTPS – Hypertext Transfer Protocol Secure, por su título en inglés). Ese protocolo se encargará de cifrar toda la información que introduzca para la transacción en línea, garantizando que la información solo podrá ser vista por el cliente (usted) y el servidor con el que interactúa. De esa manera, si los ciberdelincuentes logran interceptar el tráfico de la transacción, solo capturarán información cifrada o encriptada de muy poca utilidad, ya que al estar cifrada, es información irreconocible o incomprensible. En la actualidad, toda entidad virtual con buena reputación y presta al comercio en línea, debe usar el protocolo HTTPS, es un requisito de la industria. Sin importar si usted está en un sitio público o en la comodidad de su casa u oficina, si usted observa que la página web con la que piensa realizar una transacción de comercio en línea no le ofrece el servicio a través del protocolo HTTPS, no ejecute la transacción, muy probablemente usted está interactuando con un sitio web impostor.

Igual precaución debe tenerse con las redes WiFi de acceso público y gratis. Este tipo de redes son muy convenientes y tienden a proliferarse, plazas, tiendas, bibliotecas, restaurantes, aeropuertos, y muchos otros sitios tienden a facilitar este servicio, pero son redes de alto riesgo. Tenga en cuenta siempre que el tráfico de una red WiFi pública siempre estará visible a un tercero que puede o no estar escuchando o grabando el tráfico de la red.

Las probabilidades de ser atacado en una red pública, superan con creces, las posibilidades de ser atacado en una red privada o del hogar. Aunque usted esté seguro de la computadora o estación de trabajo que utiliza, haga uso del sentido común, evite siempre ejecutar transacciones financieras, compras en línea y cualquier transacción que involucre proporcionar información de tarjetas de crédito en redes públicas; esa es precisamente la información que necesitan los cibercriminales para ejecutar el robo de identidad. Un vector de ataque común con las redes Wi-Fi públicas, son los puntos de acceso falsos. Los usuarios se conectan a la red pensando que se conectan a una red legítima, cuando en realidad se conectan a un punto de acceso impostor, luego, los usuarios son deliberadamente redirigidos a un sitio web de aspecto legítimo que los obliga a iniciar sesión en otros servicios como Twitter, Facebook, Gmail, etcétera o solicita información de tarjetas de crédito o inicios de sesión a portales bancarios. Hay maneras de identificar si una página web es ficticia. Preste particular atención al URL, y si un mensaje le pide que vuelva a introducir su nombre de usuario y contraseña o si el navegador web de repente dice que el certificado de seguridad no es válido, sea precavido, cierre la sesión y reinicie la computadora si eso sucede.

El sentido de la orientación es indispensable. De la misma forma que en el mundo físico, el transeúnte regular inteligentemente evita visitar lugares por ser peligrosos, hostiles o tener altas tasas de criminalidad, en el ciberespacio ocurre lo mismo. Un sitio web porno, de juegos en línea, un sitio web de préstamos, de películas gratis, etcétera, puede darle más de lo que anda buscando, y no necesariamente una experiencia positiva. Comprenda que navegar por Internet supone estar en constante exposición a ataques e infecciones de virus o *malware*. Saber a qué dominio de Internet se dirige, es importante. Los cibercriminales sacan provecho de los **dominios de nivel superior** (TLD – Top Level Domain, por su nombre en inglés), que es el sufijo ubicado al final del nombre de dominio, es decir, el nivel más alto dentro de la estructura jerárquica del **sistema de nombres de dominio**. La mayoría de los usuarios conoce los dominios .COM, .NET, .ORG y .GOV, sin embargo, muchos dominios de nivel superior son más difíciles de interpretar como .RU para Rusia, .CN para China, .UK para Reino Unido, .MC para Mónaco, .VE para Venezuela, entre muchos otros. El punto es que los cibercriminales se aprovechan de este desconocimiento, así como de la realidad de que muchos usuarios no prestan atención al dominio cuando buscan en la web. Al primer resultado que les parezca interesante o coincida con el tema de investigación, allí harán clic, convirtiéndose en víctimas de los piratas informáticos que invirtieron tiempo en la optimización de sus sitios web en los diferentes motores de búsqueda. Mención aparte merecen los enlaces o hipervínculos falsos (*fake links*, por su nombre en inglés) presentes en la mensajería y el correo electrónico. En HTML, los hipervínculos son los textos o los objetos sobre los que podemos hacer clic para trasladarnos a otra página web en Internet, a otra página web en el mismo dominio o a otra sección de la misma página web. Los cibercriminales pueden manipular las características de los hipervínculos para engañar al usuario y llevarlo a un sitio web distinto del que anuncian explícitamente. A continuación, coloco a su disposición algunas herramientas o recursos web que le permitirán evaluar el sitio web, antes de visitarlo.

- Intel Security - http://tinyurl.com/zcuc24v
- Norton Safe Web - https://safeweb.norton.com/.
- Sucuri - https://sitecheck.sucuri.net/.
- AVG Threat Labs – http://tinyurl.com/oa4yb5e.
- Web Inspector - http://app.webinspector.com/.

No ejecute clic o doble clic sobre un enlace o URL sospechoso o de dudosa procedencia, eso es precisamente lo que hay que evitar. Evalúe el sitio web antes de visitarlo. Para evaluar un sitio web, copie el URL o dirección web y colóquela en los cuadros de diálogo de las herramientas de seguridad web proporcionadas. Espere el resultado de la evaluación, así tendrá mayor certeza de lo que va a encontrar en el sitio web que se dispone a visitar.

Abrir automáticamente los archivos anexos del correo electrónico

Los mensajes de correo electrónico siguen siendo uno de los principales medios por los cuales se distribuye *malware*. Es que los cibercriminales, con la ayuda de la ingeniería social, son especialistas en la creación de mensajes capaces de engañar y manipular al usuario, especialmente, los más desprevenidos. Adicionalmente, muchos usuarios asumen una postura temeraria abriendo todo tipo de archivos anexos que reciben por correo electrónico, pensando que el *software* antivirus se encargará de bloquear cualquier acción malintencionada. La verdad es que los cibercriminales han desarrollado técnicas de evasión de antivirus, y con la ayuda de un cómplice necesario (entiéndase, el usuario), logran efectivamente comprometer o infiltrarse en el sistema. El texto de un correo electrónico por sí solo no representa peligro alguno, a menos que sea una muy mala noticia o un mal chiste. El verdadero peligro se encuentra en los enlaces y los archivos anexos al correo. Ya vimos lo importante que es el sentido de la orientación en la web y lo peligroso de ir a un sitio web sin tener una noción mínima de hacia dónde se dirige. No gaste tiempo y esfuerzo en validar correos de fuentes desconocidas. Pregúntese, si usted no lo solicitó, ¿por qué lo recibió? No vale la pena ni siquiera ver el contenido, simplemente marque el correo como no deseado (*spam*, por su denominación en inglés) y bórrelo, inclusive de la papelera de correos. Validar los enlaces recibidos por correo electrónico de fuentes conocidas, es vital para evitar ser sorprendidos, especialmente, de aquellos que hacen énfasis en su utilización. El exceso de confianza puede traer consigo efectos negativos. No se le pide que actúe con desconfianza por mera casualidad. Puede que su contacto haya sido comprometido con anterioridad y está siendo utilizado para enviar código malicioso a toda su lista de contactos, y comprenderá, usted es uno de ellos. Siempre actúe con cautela, y evalúe los enlaces que recibe por correo electrónico. Su precaución marcará la diferencia. Igual o mayor cautela necesitará para con los archivos anexos. A ellos se les atribuye la responsabilidad de la mayoría de las infecciones por correo electrónico. Es una regla de oro, si usted no lo ha solicitado, no lo abra. No abra ningún archivo anexo que haya recibido por correo electrónico, sobre todo, si usted no ha hecho solicitud alguna para recibirlo. Si el archivo en cuestión proviene de un contacto de su confianza, y usted cree que es valioso e importante, confirme el envío para descartar que su contacto no esté siendo utilizado para distribuir *malware*. Recuerde, incluso los usuarios bien intencionados pueden enviar, sin querer, archivos infectados o con *malware*. Haga uso del sentido común y el análisis rápido antes de abrir un archivo que ha recibido por correo electrónico. La extensión del archivo puede develar sus verdaderas intenciones, los archivos ejecutables, aquellos que pueden causar una modificación en el sistema con tan solo abrirlos, como los archivos .com, .exe, .bat, .dll, .reg, .pif, .dmg, .bin, etcétera, pueden ser transformados en armas letales, y tan solo buscan el ejecútese del usuario para lograr su objetivo. Sea precavido, analizar el archivo con un antivirus o solución de seguridad es fundamental para detectar código malintencionado. Si usted desconfía de un archivo en particular, una segunda opinión le brindará mayor tranquilidad. Seguidamente, pongo a su disposición algunas herramientas web que le permitirán evaluar un archivo antes de usarlo.

- VirusTotal - https://www.virustotal.com/.
- VirScan - http://virscan.org/.
- Jotti - https://virusscan.jotti.org/en.
- MetaScan - https://www.metascan-online.com/#!/scan-file.
- Dr. Web - https://vms.drweb.com/online/?lng=en.

Considere utilizar los servicios de intercambio de archivos como Google.com/drive, Dropbox.com, Onedrive.live.com, Dropcanvas. com, Droplr.com, etcétera, en lugar de enviar archivos por correo electrónico. Con el intercambio de archivos en la nube, se abre un abanico de opciones no disponibles a través del correo electrónico.

Uso indiscriminado de memorias USB

Las unidades de disco portátiles, también conocidas como *pendrive*, *flash drive*, minidisco duro o simplemente memorias USB, se han convertido en el sistema de almacenamiento y transporte personal de datos más utilizado, sin embargo, esa conveniencia y comodidad tiene un costo. Cualquier memoria USB se puede infectar con *malware* y luego propagar esa infección a cada nueva computadora donde sea conectada. A diferencia de los CD, con una memoria USB la infección del virus informático se produce en el momento en que insertamos el *pendrive* contaminado en el puerto USB de la computadora. La infección del virus informático desde un CD, se lleva a cabo solo cuando abrimos o copiamos los archivos infectados. De nuevo, considere utilizar los servicios de intercambio de archivos, en lugar de una memoria USB, para evitar la propagación de *malware* a través de múltiples sistemas.

Cargar su dispositivo móvil con otras computadoras

Los dispositivos móviles, léase un teléfono inteligente o tableta, consumen tanta energía que en muchas ocasiones una carga para todo el día no siempre es suficiente, sobre todo cuando se usa intensamente. Eso obliga al usuario a buscar una fuente de energía donde recargar el dispositivo durante el día. Puede parecer una tontería o una exageración, quizá hasta absurdo, preocuparse de cómo recargar la tableta o el teléfono inteligente. La verdad, es que sí hay peligros ocultos que considerar. El problema está cuando usted conecta su dispositivo inteligente al puerto USB de una computadora cualquiera para recargarlo. El cable que se utiliza para hacer la conexión de carga casi siempre permite el intercambio de datos también. Esto hace que su dispositivo inteligente aparezca como un dispositivo de almacenamiento en la computadora. Cualquier dispositivo inteligente en modo de unidad extraíble es exactamente lo mismo que una memoria USB o *pendrive*, y una computadora infectada puede copiar *malware* de la computadora al dispositivo móvil. Si usted es de esos usuarios precavidos que lleva siempre su cargador con usted, para hacerle frente a esas eventualidades, o en su defecto, hace uso de un cargador portátil, no tiene nada de qué preocuparse.

Detectando a los intrusos

En forma similar como los médicos necesitan exámenes o indicadores (hematología completa, electrocardiograma, niveles de colesterol, niveles de glucosa, etcétera) que le orienten acerca de la salud de un paciente, en informática, se requieren ciertos indicadores para verificar la correcta operación de un computador o en su defecto, descartar la presencia de *malware* o de los *chicos malos*.

El sistema operativo Microsoft Windows posee herramientas que le ayudarán a constatar si su computadora está libre de *malware*, o por el contrario, si ha sido comprometida o infectada con código malicioso. En la plataforma Windows, usted puede a través de la ventada de comandos, símbolo del sistema o consola CMD, ejecutar una serie de órdenes (comandos) para interrogar el sistema operativo y verificar que todo está en orden o indagar si ha sido comprometido en su seguridad.

En las versiones más reciente de Microsoft Windows, Windows 8.1 y Windows 10, existen varias opciones para acceder a la ventana de comandos o símbolo del sistema:

1. Presione la tecla con el logotipo de Windows o ***tecla Windows + R***. En la ventana ***Ejecutar***, en el cuadro de diálogo, escriba ***cmd*** y luego presione la tecla ***Enter*** o haga clic en el botón ***Aceptar***.
2. Presione la tecla con el logotipo de o tecla ***Windows + X***. En el menú contextual, seleccione la opción ***Símbolo del Sistema (administrador)***.
3. Escriba ***cmd*** en el cuadro de búsqueda. Luego, haga clic con el botón derecho del ratón sobre el icono ***Símbolo del Sistema***, y a continuación del menú contextual, seleccione la opción ***Ejecutar como administrador***.

A continuación coloco a su disposición los comandos que le permitirán indagar el estado de integridad de su computadora.

La hora y fecha del sistema

Existen varias causas por las cuales la hora y fecha de Microsoft Windows o de la computadora se desconfigura o muestra una hora y fecha incorrecta. Fallas de la batería que alimenta al chip cuando la computadora está apagada, la zona horaria está mal establecida (especialmente en países con diversos husos horarios), y código malicioso corriendo en el sistema, son las causas más frecuentes.

Si su computadora es relativamente nueva, su zona horaria establecida es la correcta, pero si su computadora presenta repetidamente problemas de hora y fecha incorrectas, existe la posibilidad de que su computadora haya sido infectada y forme parte de una red de zombis (*botnets*). En dicho caso, usted visualizará una hora y fecha distinta a la que corresponde, y que pertenece a la hora y fecha del computador maestro que controla la red de zombis o *botnets*.

Para ejecutar la consulta de hora y fecha en su computadora, escriba en la ventana de comandos, el comando: ***date /t & time /t***, después del símbolo del sistema >, y presione la tecla ***Enter*** para ejecutar la consulta. Observe en la gráfica número 29, como se ve en la ventana de comandos, la hora y fecha del sistema.

Gráfica 29-Hora y Fecha del Sistema

Si usted sospecha que su computadora puede estar ejecutando *malware*, puede recurrir a la herramienta de eliminación de *software* malintencionado de Microsoft (*malicious software removal tool*, por su título en inglés) y los discos de rescate de las diferentes casas de *software* de seguridad. A continuación, pongo a su disposición varias de las herramientas disponibles en la web:

- Microsoft Malicious Software Removal Tool
  - https://www.microsoft.com/security/pc-security/malware-removal.aspx.
- Bitdefender Rescue Disk
  - http://www.bitdefender.com/support/how-to-create-a-bitdefender-rescue-cd-627.html.

- McAffe Antimalware Tool
  - http://www.mcafee.com/us/downloads/free-tools/index.aspx.
- Norton Bootable Recovery Tool
  - https://security.symantec.com/nbrt/overview.aspx.
- TRENDmicro Rescue Disk
  - https://origin-www.trendsecure.com/Info/Rescue_Disk/html/download.html .
- Kaspersky Rescue Disk
  - http://support.kaspersky.com/viruses/rescuedisk.
- AVG Rescue CD
  - http://www.avg.com/us-es/avg-rescue-cd.

Estadísticas de la red

Es útil conocer que el sistema operativo Windows trabaja como servidor y estación de trabajo simultáneamente. En la medida en que los servicios de servidor y de estación de trabajo funcionan, el sistema operativo recopila estadísticas a través del tiempo. Es revisando estas estadísticas que podemos conocer y deducir mucho de lo que ha pasado a bajo nivel, sin que el usuario se percate. Para ejecutar la consulta de las estadísticas de red en el sistema operativo Windows, escriba en la ventana de comandos, el comando: ***net statistics server***, después del símbolo del sistema >, y presione la tecla **Enter** para ejecutar la consulta. Observe en la gráfica número 30, como se ve en la ventana de comandos, las estadísticas de servidor de red.

```
Administrator: Command Prompt

Statistics since 2/3/2016 8:17:34 PM


Sessions accepted                  2
Sessions timed-out                 0
Sessions errored-out               2

Kilobytes sent                     470
Kilobytes received                 298

Mean response time (msec)          0

System errors                      0
Permission violations              4
Password violations                27

Files accessed                     370
Communication devices accessed     0
Print jobs spooled                 0

Times buffers exhausted

  Big buffers                      0
  Request buffers                  0

The command completed successfully.


C:\Users>
```

Gráfica 30-Estadísticas de Red

Nótese que la información está dividida en grupos. La primera línea de información que la consulta nos muestra, es la fecha y hora de la última vez que el servidor se inició y desde cuándo está registrando las estadísticas. El primer bloque de información está relacionado con las sesiones. El siguiente bloque de información está relacionado con la cantidad de información que se ha enviado y recibido. El tiempo medio de respuesta (*mean response time*, por su nombre en inglés) no se refiere a la velocidad con que el servidor envía los datos, sino más bien, a lo rápido que el servidor ha respondido a la solicitud. Para no abrumarlo, estimado lector, con información técnica, iré directamente a la información clave de verificar en las estadísticas de red.

Las sesiones

Una sesión en general, es un período de tiempo dedicado a cierta actividad, y que por lo general se lleva un registro de entrada y salida. En informática, una sesión se refiere a la duración de una conexión a un sistema o red. Comúnmente, la sesión se inicia con un proceso de autenticación, o sea, proporcionando un nombre y contraseña para registrarse, conectarse o iniciar sesión (*sign in*, por su significado en inglés) y al final de cierto período de tiempo, desconectarse o cerrar sesión (*sign out*, por su equivalente en inglés). Entenderá rápidamente que, un número de sesiones aceptadas mayor a cero (0) es particularmente revelador, porque representa el número de sesiones activas en el momento en que se ejecuta el comando. Si usted no está autorizando a alguien a conectarse a su computadora, no está compartiendo archivos en un grupo de trabajo, ese indicador debería ser siempre cero. Caso contrario, es obvio, alguien está conectado a su computadora. Lo mismo sucede con las sesiones desconectadas (*sessions time-out*, por su nombre en inglés), y las sesiones con errores (*sessions errored-out*, por su designación en inglés), un número mayor a cero (0), significa que en el pasado hubo conexiones.

Los *kilobytes*

Los números de *kilobytes* enviados y recibidos representan el número de kilobytes totales enviados y recibidos por el servicio de servidor, no el sistema en su conjunto, desde el último arranque del servicio. Este número por sí solo, es un dato aislado. Sin embargo, si usted presenta muchas sesiones, un número alto de archivos accedidos, gran cantidad de *gigabytes* enviados en un período corto de tiempo, las alarmas de actividad sospechosa deben estar encendidas.

Violaciones de contraseña

Las violaciones de contraseña (*password violations*, por su denominación en inglés), este número representa las veces que los usuarios han introducido la contraseña incorrectamente.

Un número alto podría indicar que su equipo está bajo ataque o fue víctima de un intento de *hackeo*. Es importante no sacar conclusiones a la ligera. El comando de estadísticas de red es una alternativa para ahorrar tiempo, este permite visualizar varios indicadores importantes de información sin necesidad de utilizar el monitor de rendimiento. El comando ***net statistics server*** muestra qué tan bien está funcionando el servidor e incluso nos da una idea de cómo está funcionando la seguridad. El verdadero truco es saber cómo interpretar los números de las estadísticas de red.

Las sesiones de red

De acuerdo con la biblioteca Microsoft TechNet, una sesión se registra cuando un usuario o cliente contacta exitosamente a un servidor. Una sesión exitosa ocurre cuando los dos equipos están en la misma red, y el usuario tiene un nombre de usuario y una contraseña que son aceptadas por el servidor. Un usuario o cliente debe tener una sesión con un servidor antes de que él o ella pueda utilizar los recursos del servidor, y una sesión no se establecerá hasta que un usuario o cliente se conecte a un recurso del servidor. Entonces, aunque un cliente y un servidor tengan una sola sesión, pueden tener muchos puntos de entrada o conexiones a los recursos. Si se encontraron sesiones en las estadísticas de red, resultaría prudente investigar en detalle de qué conexiones estamos hablando. Para visualizar las sesiones activas en su computadora en el sistema operativo Windows, escriba en la ventana de comandos, el comando: ***net session***, después del símbolo del sistema >, y presione la tecla **Enter** para ejecutar la consulta. El comando ***net session*** listará información sobre todas las sesiones existentes en ese momento en su computadora, o en su defecto, un mensaje indicando que no hay sesiones disponibles. Observe a continuación, en la gráfica número 31, del lado izquierdo, cómo se listarían las conexiones activas al momento de ejecutar el comando. Del lado derecho, cuando no hay registro de sesiones para mostrar.

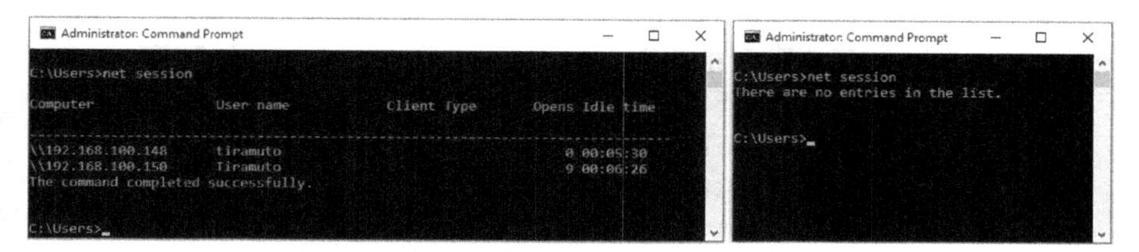

Gráfica 31-Conexiones activas

Las conexiones de red

Como vimos en el *capítulo 3 - Los números mágicos*, el protocolo TCP/IP es un sistema de protocolos que hacen posible la comunicación en red. Sus dos principales protagonistas son el Protocolo de Control de Transmisiones (TCP) y el Protocolo de Internet (IP), de allí su nombre. El primero se encarga de establecer conexión e intercambiar datos, y el segundo, crea y maneja toda la red interconectada. Es por eso que, revisar las estadísticas de las conexiones y demás detalles de los protocolos involucrados en la comunicación, es fundamental para entender lo que en realidad está pasando tras bastidores, sobre todo si se tiene sospecha de la presencia de los chicos malos o de sus acciones.

De acuerdo con la biblioteca Microsoft TechNet, **Netstat** es la herramienta que desde la línea de comandos permite visualizar las conexiones TCP activas, los puertos en los que el equipo está escuchando, las estadísticas de Ethernet, la tabla de enrutamiento IP, las estadísticas del protocolo IPv4 e IPv6 y los protocolos IP, ICMP, TCP y UDP. Como verá, **netstat** es una herramienta poderosa y compleja. La utilidad posee doce (12) auxiliares, con los cuales usted puede modificar su comportamiento. A continuación, se detallan sus usos más frecuentes:

Comando	Propósito
netstat	Ejecuta la salida por defecto, lista de conexiones activas.
netstat /?	Para visualizar los auxiliares o modificadores disponibles.
netstat -nr	Verificar las interfaces de red y tablas de rutas
netstat -na	En busca de escuchas inusuales, puertos a la escucha o abiertos.
netstat -nao	Para mostrar el proceso asociado (PID) a cada conexión.
netstat -naob	Para mostrar el archivo ejecutable asociado a cada conexión.

Gráfica 32-Auxiliares del Comando Netstat

Nótese como el auxiliar **–n** es particularmente importante, su uso reversa la tendencia natural de la herramienta **netstat** de usar los nombres en lugar de las direcciones IP.

Las direcciones IP toman particular importancia cuando se detectan conexiones establecidas. Las conexiones establecidas son la prioridad. Si hay una conexión establecida, significa que hay un canal abierto de comunicación entre su computadora y otro dispositivo. Conviene identificar con exactitud quién está detrás de cada conexión, fundamentalmente, si usted no sabía que existía. Debo aclarar que no todas las conexiones de red son malas, la magia de la red y de Internet no fuese posible sin esas conexiones. El punto es que las conexiones de red pueden usarse para bien y para mal, y lo que nos ocupa es precisamente eso, identificar y asegurarnos de que las conexiones de red establecidas en nuestra computadora lo están, con dispositivos en otras redes que nos brindan servicio y apoyo para nuestras actividades, y no que estamos siendo víctimas de un cibercriminal.

Hay muchas maneras de usar la información que produce la herramienta **netstat**, hay quienes usan la herramienta con los auxiliares **–nao**, para obtener la identificación del proceso (PID) que establece la conexión, y luego con ayuda del **Administrador de Tareas de Windows**, a través del PID, identificar el programa que establece la conexión. Otros prefieren solicitarle esa información directamente a la herramienta con los auxiliares **–naob**, que claramente muestra el programa asociado con cada conexión o puerto a la escucha. Observe a continuación, en la gráfica número 33, la salida que produce la herramienta **netstat** con el modificador **–n**.

```
Administrator: Command Prompt

C:\Users>netstat -n

Active Connections

  Proto  Local Address          Foreign Address        State
  TCP    127.0.0.1:1541         127.0.0.1:5354         ESTABLISHED
  TCP    127.0.0.1:1542         127.0.0.1:5354         ESTABLISHED
  TCP    127.0.0.1:5354         127.0.0.1:1541         ESTABLISHED
  TCP    127.0.0.1:5354         127.0.0.1:1542         ESTABLISHED
  TCP    127.0.0.1:19094        127.0.0.1:27015        ESTABLISHED
  TCP    127.0.0.1:19161        127.0.0.1:19162        ESTABLISHED
  TCP    127.0.0.1:19162        127.0.0.1:19161        ESTABLISHED
  TCP    127.0.0.1:27015        127.0.0.1:19094        ESTABLISHED
  TCP    192.168.100.147:19086  65.52.108.227:443      ESTABLISHED
  TCP    192.168.100.147:19105  74.125.21.188:5228     ESTABLISHED
  TCP    192.168.100.147:19126  108.160.172.236:443    CLOSE_WAIT
  TCP    192.168.100.147:19130  54.225.213.186:443     ESTABLISHED
  TCP    192.168.100.147:19158  108.160.172.225:443    CLOSE_WAIT
  TCP    192.168.100.147:19164  108.160.161.104:443    ESTABLISHED
  TCP    192.168.100.147:19359  54.84.30.55:443        CLOSE_WAIT
  TCP    192.168.100.147:19439  199.16.156.9:443       ESTABLISHED
  TCP    192.168.100.147:19442  107.20.189.185:443     ESTABLISHED
  TCP    192.168.100.147:19446  54.192.207.183:443     CLOSE_WAIT
  TCP    192.168.100.147:19457  54.165.130.135:443     TIME_WAIT
  TCP    192.168.100.147:19458  54.165.130.135:443     ESTABLISHED

C:\Users>
```

Gráfica 33-Estadísticas de Red (Conexiones)

Para identificar el otro lado de las conexiones, se requiere una lista de las direcciones IP involucradas. Se pueden identificar las direcciones IP a través de los **servicios *whois*** (¿quién es?) directamente en la búsqueda avanzada del Registro Americano de Números de Internet - https://whois.arin.net/ui/advanced.jsp (The American Registry for Internet Numbers, por su nombre en inglés) o cualquier otra herramienta de búsqueda Whois IP disponible en Internet.

Seguidamente, una forma más elaborada y semiautomática de cómo usar la información de **netstat**, para identificar las direcciones IP. Primero, se redirige la salida del comando **netstat** a un archivo de texto a través del siguiente comando **netstat –n >ListadoIps.txt**, luego, se edita el archivo **ListadoIps.**

txt para eliminar la información sobrante y dejar una lista de las direcciones IP a investigar separadas por una coma ",", por ejemplo: 65.52.108.227, 74.125,21.188. Después, el listado depurado se usa como información de entrada en la herramienta **IP Net Info**, (disponible en http://www.nirsoft.net/utils/ipnetinfo.html) una utilidad de la casa NirSoft, que le permite encontrar fácilmente toda la información disponible sobre una dirección IP. Observe a continuación, en la gráfica número 34, cómo se despeja la incógnita al conocer los dueños de las redes a las que pertenecen las direcciones IP, involucradas en las conexiones de red establecidas.

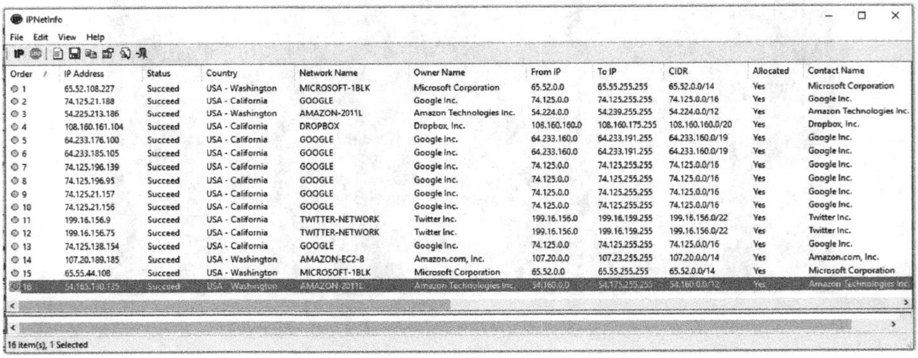

IPNetInfo

File Edit View Help

Order	IP Address	Status	Country	Network Name	Owner Name	From IP	To IP	CIDR	Allocated	Contact Name
1	65.52.108.227	Succeed	USA - Washington	MICROSOFT-1BLK	Microsoft Corporation	65.52.0.0	65.55.255.255	65.52.0.0/14	Yes	Microsoft Corporation
2	74.125.21.188	Succeed	USA - California	GOOGLE	Google Inc.	74.125.0.0	74.125.255.255	74.125.0.0/16	Yes	Google Inc.
3	54.225.213.186	Succeed	USA - Washington	AMAZON-2011L	Amazon Technologies Inc.	54.224.0.0	54.239.255.255	54.224.0.0/12	Yes	Amazon Technologies Inc.
4	108.160.161.104	Succeed	USA - California	DROPBOX	Dropbox, Inc.	108.160.160.0	108.160.175.255	108.160.160.0/20	Yes	Dropbox, Inc.
5	64.233.176.100	Succeed	USA - California	GOOGLE	Google Inc.	64.233.160.0	64.233.191.255	64.233.160.0/19	Yes	Google Inc.
6	64.233.185.105	Succeed	USA - California	GOOGLE	Google Inc.	64.233.160.0	64.233.191.255	64.233.160.0/19	Yes	Google Inc.
7	74.125.196.139	Succeed	USA - California	GOOGLE	Google Inc.	74.125.0.0	74.125.255.255	74.125.0.0/16	Yes	Google Inc.
8	74.125.196.95	Succeed	USA - California	GOOGLE	Google Inc.	74.125.0.0	74.125.255.255	74.125.0.0/16	Yes	Google Inc.
9	74.125.21.157	Succeed	USA - California	GOOGLE	Google Inc.	74.125.0.0	74.125.255.255	74.125.0.0/16	Yes	Google Inc.
10	74.125.21.156	Succeed	USA - California	GOOGLE	Google Inc.	74.125.0.0	74.125.255.255	74.125.0.0/16	Yes	Google Inc.
11	199.16.156.9	Succeed	USA - California	TWITTER-NETWORK	Twitter Inc.	199.16.156.0	199.16.159.255	199.16.156.0/22	Yes	Twitter Inc.
12	199.16.156.75	Succeed	USA - California	TWITTER-NETWORK	Twitter Inc.	199.16.156.0	199.16.159.255	199.16.156.0/22	Yes	Twitter Inc.
13	74.125.138.154	Succeed	USA - California	GOOGLE	Google Inc.	74.125.0.0	74.125.255.255	74.125.0.0/16	Yes	Google Inc.
14	107.20.189.185	Succeed	USA - Washington	AMAZON-EC2-8	Amazon.com, Inc.	107.20.0.0	107.23.255.255	107.20.0.0/14	Yes	Amazon.com, Inc.
15	65.55.44.108	Succeed	USA - Washington	MICROSOFT-1BLK	Microsoft Corporation	65.52.0.0	65.55.255.255	65.52.0.0/14	Yes	Microsoft Corporation
16	54.165.130.135	Succeed	USA - Washington	AMAZON-2011L	Amazon Technologies Inc.	54.160.0.0	54.175.255.255	54.160.0.0/12	Yes	Amazon Technologies Inc.

16 item(s), 1 Selected

Gráfica 34-Direcciones IP/Dueños de las Redes

Toma su tiempo, estimado lector, conocer qué conexiones son normales y forman parte de un servicio. Cada usuario es particularmente diferente. No todo el mundo usa iTunes, Twitter, Dropbox, Spotify, etcétera, tan solo por nombrar algunos de los tantos servicios disponibles en la web. Lo importante de destacar aquí, es que si usted visualiza una conexión a una red con base en China, Rusia, India, Polonia, etcétera, cualquier país, que no es su idioma y que usted reconoce que no tiene relación alguna con sus actividades, lamento informarle que ha sido comprometido en su seguridad. Las conexiones clandestinas no relacionadas son las más fáciles de detectar. Es que la vinculación del programa que crea la conexión, más la red destino, en la mayoría de las ocasiones, clarifican la verdadera intención de la conexión. Digamos, por ejemplo, que se detecta que el programa dropbox.exe tiene una conexión establecida con la dirección IP 108.160.161.104, y que se reconoce legítimo el uso de esa aplicación Dropbox para el almacenamiento de archivos en la nube. Al verificar que la dirección IP involucrada en la conexión está registrada como propiedad de la compañía Dropbox, se confirma que la conexión forma parte del servicio de almacenamiento de archivos en la nube requerido por Dropbox. Por el contrario, en evidencia quedan las conexiones de red donde el programa es desconocido, y cuyo registro de la dirección IP involucrada en la conexión, apunta a redes establecidas en países con un idioma diferente al suyo y que usted reconoce que no guardan relación con sus actividades o intereses. Es obvio que la conexión existente, es clandestina y no deseada.

De la misma forma que toman importancia las direcciones IP en las conexiones de red establecidas, los números de puertos se tornan particularmente importantes cuando se detectan puertos escuchando o abiertos. Un puerto abierto significa una puerta abierta dispuesta para la comunicación. El punto es saber si es una puerta oficial o una puerta trasera o clandestina. A continuación, en la gráfica número 35, los diferentes puertos a la escucha.

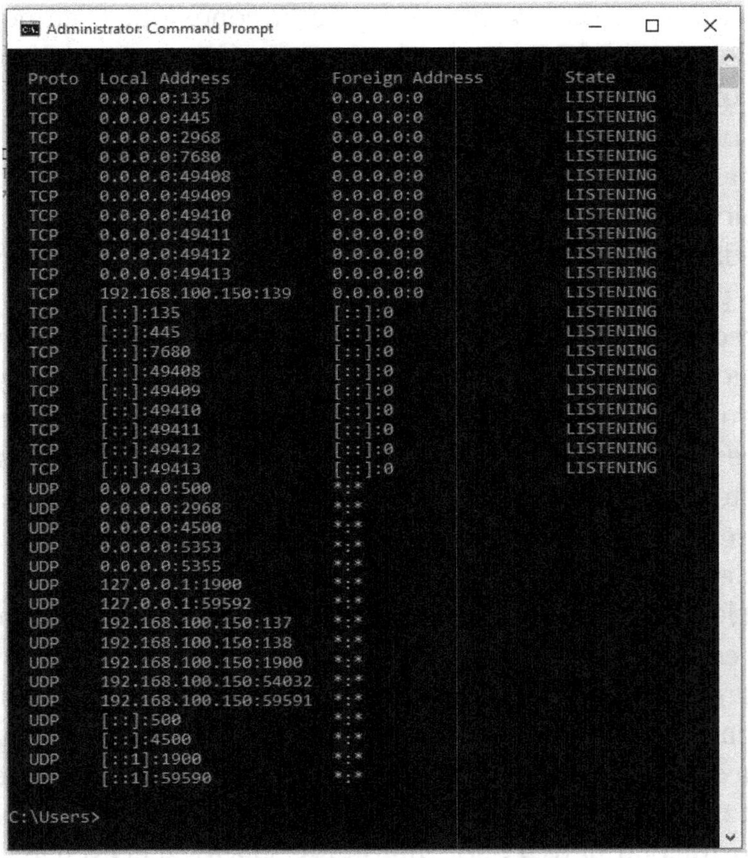

```
Administrator: Command Prompt

Proto  Local Address          Foreign Address        State
TCP    0.0.0.0:135            0.0.0.0:0              LISTENING
TCP    0.0.0.0:445            0.0.0.0:0              LISTENING
TCP    0.0.0.0:2968           0.0.0.0:0              LISTENING
TCP    0.0.0.0:7680           0.0.0.0:0              LISTENING
TCP    0.0.0.0:49408          0.0.0.0:0              LISTENING
TCP    0.0.0.0:49409          0.0.0.0:0              LISTENING
TCP    0.0.0.0:49410          0.0.0.0:0              LISTENING
TCP    0.0.0.0:49411          0.0.0.0:0              LISTENING
TCP    0.0.0.0:49412          0.0.0.0:0              LISTENING
TCP    0.0.0.0:49413          0.0.0.0:0              LISTENING
TCP    192.168.100.150:139    0.0.0.0:0              LISTENING
TCP    [::]:135               [::]:0                 LISTENING
TCP    [::]:445               [::]:0                 LISTENING
TCP    [::]:7680              [::]:0                 LISTENING
TCP    [::]:49408             [::]:0                 LISTENING
TCP    [::]:49409             [::]:0                 LISTENING
TCP    [::]:49410             [::]:0                 LISTENING
TCP    [::]:49411             [::]:0                 LISTENING
TCP    [::]:49412             [::]:0                 LISTENING
TCP    [::]:49413             [::]:0                 LISTENING
UDP    0.0.0.0:500            *:*
UDP    0.0.0.0:2968           *:*
UDP    0.0.0.0:4500           *:*
UDP    0.0.0.0:5353           *:*
UDP    0.0.0.0:5355           *:*
UDP    127.0.0.1:1900         *:*
UDP    127.0.0.1:59592        *:*
UDP    192.168.100.150:137    *:*
UDP    192.168.100.150:138    *:*
UDP    192.168.100.150:1900   *:*
UDP    192.168.100.150:54032  *:*
UDP    192.168.100.150:59591  *:*
UDP    [::]:500               *:*
UDP    [::]:4500              *:*
UDP    [::1]:1900             *:*
UDP    [::1]:59590            *:*

C:\Users>
```

Gráfica 35-Puertos a la Escucha

Es bueno saber que para que dos programas puedan comunicarse, ambos deben ser capaces de localizarse e intercambiar información de sincronización, para luego poder transferirse información de manera confiable y ordenada. Con el protocolo TCP/IP, eso se logra con la utilización de canales de comunicación (*sockets*, por su nombre en inglés) que facilitan la comunicación bidireccional entre dos programas que se ejecutan en una red. El canal de comunicación queda entonces conformado por la dirección IP y un número de puerto asociado. Los números de puertos son asignados por la Autoridad de Números Asignados de Internet (The Internet Assigned Numbers Authority, por su título en inglés) con base en tres rangos: puertos conocidos o de sistema (0-1023), puertos de usuario (1024-49151), y los puertos dinámicos o privados (49152-65535) - http://www.iana.org/assignments/service-names-port-numbers/service-names-port-numbers.xhtml. En resumen, son 65535 puertos disponibles para establecer diferentes canales de comunicación, suficientes como para evitar que surjan conflictos de comunicación, especialmente en la nuevas aplicaciones, programas o servicios. Los números de puertos más usados y de conocimiento general son el puerto 80 para la navegación web (HTTP), el puerto 443 para la navegación web segura (HTTPS), el puerto 53 para el sistema de nombres de dominio (DNS) y el puerto 25 para la transferencia de correo (SMTP), entre muchos otros de los denominados puertos conocidos (*well-known ports*, por su designación en inglés).

Un puerto a la escucha puede significar entonces que, ya está instalado en su sistema un programa mal intencionado (troyano), listo y a la espera de que su creador (atacante) haga uso de él, para acceder a su computadora, obviamente, sin su conocimiento. Al igual que con las conexiones de red establecidas, identificar el programa que escucha es primordial para conocer la legitimidad de la escucha. Para un programa desconocido o no reconocido, como parte de sus aplicaciones, debe ser sacado de circulación sin importar si escucha o no, es desconocido. Para un programa que es reconocido como aplicación, pero abre un puerto para escuchar, es necesario validar la legitimidad de la escucha con el proveedor de la aplicación. Es una buena práctica de seguridad, validar que su computadora no tiene abiertos puertos que figuran en la lista de programas troyanos más conocidos. A continuación, coloco a su disposición las direcciones web que proporcionan una lista de puertos más usados por programas troyanos.

- Lista de puertos troyanos – Anti-Trojan.org
  http://www.anti-trojan.org/port_opened.html.

- Troyanos conocidos – Instituto SANS
  http://www.sans.org/security-resources/idfaq/oddports.php.

- Lista de puertos troyanos – TrojanHunter.com
  http://www.trojanhunter.com/trojanhunter/portlist/.

Notas finales

Hemos llegado al final del libro, sin embargo, considere siempre aprender más y permanecer inmerso dentro del Modelo PHVA de mejora continua que vimos en detalle en el capítulo 8 con el Sistema de Gestión de la Seguridad de Información. Se ha hecho un gran esfuerzo para transmitirle ideas, conceptos, principios y mejores prácticas para mejorar su postura de seguridad informática ante las amenazas del mundo digital actual. Ha sido un viaje emocionante durante estos diez capítulos, sin embargo, me temo que el viaje no ha terminado aún, y honestamente, posiblemente nunca termine, siempre habrá información importante que digerir y nuevos conceptos que aprender. La Seguridad Informática es un campo en constante evolución, nuevos ataques, herramientas y técnicas se están descubriendo, y están siendo liberadas y divulgadas todos los meses. Es sumamente importante mantenerse informado y actualizado con el fin de no convertirse en la próxima víctima.

Durante la fase de corrección de este libro, se llevaron a cabo dos eventos importantes que dieron lugar a estas notas finales. Ellos son: La reunión anual de la Escuela del Sur de Gobernanza de Internet (SSIG 2016) y la filtración de datos más grande de la historia del periodismo conocida como: #PanamaPapers o los Papeles de Panamá.

SSIG 2016: De acuerdo con Vinton Cerf, el actual vicepresidente y jefe evangelista de Internet de Google, ampliamente conocido como uno de los “Padres de Internet” por ser co-diseñador del Protocolo TCP/IP, en su más reciente participación durante la reunión anual de la Escuela del Sur de Gobernanza de Internet puntualizó que "La verificación en dos pasos, es la mejor manera de protegerte tú mismo". Según Cerf, un nombre de usuario y contraseña no son adecuados para realmente proteger y evitar un acceso clandestino a nuestra cuenta de correos de Gmail. Un segundo factor (entiéndase, un pequeño chip, un teléfono, una aplicación en un teléfono inteligente o algo que se recibe a través del teléfono) que solo el usuario que trata de iniciar sesión tiene, lo protegerá en caso de que alguien haya logrado obtener por otros medios el usuario y contraseña. El segundo factor de verificación actuará entonces como sistema de respaldo en el caso de que el usuario y contraseña haya caído en malas manos. Esa es la razón por la cual Google ofrece la verificación en dos pasos – https://www.google.com/intl/es/landing/2step/. El que no agarra consejos no llega a viejo. Estimado lector, asegúrese de habilitar la verificación en dos pasos si usted es un usuario regular de Google y de cualquier otro sistema que le ofrezca esta posibilidad.

Los papeles de Panamá: De acuerdo con Thomas Fox-Brewster, periodista especializado en crímenes contra la privacidad y la seguridad digital, en su artículo "La filtración más grande en la historia del periodismo" publicado por Forbes México http://www.forbes.com.mx/asi-llegaron-los-panama-papers-la-nube-amazon/, una revista especializada en el mundo de los negocios y las finanzas, fueron 2.6 Terabytes de datos, unos 11 millones de documentos, la información confidencial filtrada al Consorcio Internacional de Periodistas de Investigación (ICIJ, por sus iniciales en Inglés) pertenecientes a Mossack Fonseca, un bufete de abogados de Panamá con representación en muchos países del mundo, lo que confirma la intrusión (Hacked) más grande hasta ahora conocida (Fox'Brewster, 2016). Sin duda alguna, *The Panama Papers* – https://panamapapers.icij.org/ marcará un antes y un después, no solo por la cantidad de países, empresas, criminales, políticos y personalidades involucradas en actividades relacionadas con el fin de esconder dinero, sino por la magnitud de la filtración (cantidad de datos) y las responsabilidades en el manejo de la Seguridad de Información. Los Papeles de Panamá ilustran a cabalidad las propiedades del "Robo Digital"; a menos que el agresor destruya la información, borre los archivos o dañe los medios de almacenamiento durante el ataque, toda la información original va a estar allí sin importar que el ladrón tenga una copia completa de los datos, cosa que dificulta que el propietario de la información se dé cuenta si un acceso inapropiado a la información ha sucedido. En el mundo empresarial ese pequeño pero importante detalle, hace que se note la diferencia entre un Administrador de Redes e Infraestructura y un Oficial de Seguridad de Información (CISO – Chief information security officer, por su nombre en inglés). Para el usuario doméstico es todo un desafío, tenga en cuenta que quizás su información ya ha sido robada, tan solo que usted no se ha dado cuenta, o hasta ahora, nadie la ha usado en su contra.

Referencias

Barrett, J. (2012, Octubre 5). *The Internet of Things*. Retrieved from YouTube: https://youtu.be/QaTIt1C5R-M

BBC. (2014, Enero 17). *Edward Snowden: Leaks that exposed US spy programme*. Retrieved from BBC News: http://www.bbc.com/news/world-us-canada-23123964

Blankenship, L. (1986, Enero 8). *Hacker's Manifiesto*. Retrieved from Phrack: http://www.phrack.org/issues/7/3.html#article

Blum, A. (2012, Junio). *Discover the physical*. Retrieved from TED: http://on.ted.com/Tubes

Daniel, M. (2015, Abril 1). *Our Latest Tool to Combat Cyber Attacks: What You Need to Know*. Retrieved from The White House: https://www.whitehouse.gov/blog/2015/04/01/our-latest-tool-combat-cyber-attacks-what-you-need-know

Elkind, P. (2015, Julio 1). *Inside The Hack Of The Century*. Retrieved from Fortune: http://fortune.com/sony-hack-part-1/

Fox'Brewster, T. (2016, Abril 2016). *La filtración más grande en la historia del periodismo*. Retrieved from Forbes: http://www.forbes.com.mx/asi-llegaron-los-panama-papers-la-nube-amazon/

Friedman, M. (2002, Julio 31). *El Verdadero Almuerzo Gratis*. Retrieved from El CATO Institute: http://www.elcato.org/publicaciones/ensayos/ens-2002-07-31.pdf

F-Secure. (2015, Julio 13). *3 REASONS THE HACKING TEAM STORY MATTERS FROM MIKKO HYPPONEN.* Retrieved from Safe&Savvy F-Secure: http://safeandsavvy.f-secure.com/2015/07/13/3-reasons-the-hacking-team-story-matters-from-mikko-hypponen/

FSF. (2011, Enero 18). *About.* Retrieved from Free Software Foundation: https://www.fsf.org/es/about

Gonzalez, A. (2013, Agosto 16). *Sentido Comun.* Retrieved from PREZI: https://prezi.com/hcm__rwgafx4/sentido-comun/

Hernandez, S. (2013). *Official (ISC)2 Guide to the CISSP.* Boca Raton: CRC Press.

Hypponen, M. (2011, Julio). *Fighting viruses, defending the net.* Retrieved from TED: http://www.ted.com/talks/mikko_hypponen_fighting_viruses_defending_the_net?language=en

IDC. (Enero de 2015). *El software sin licencia y las amenazas a la seguridad.* International Data Corporation.

ISO. (2009, Noviembre 15). *ISO Guide 73:2009.* Retrieved from The International Organization for Standardization: http://www.iso.org/iso/catalogue_detail?csnumber=44651

ISO/IEC. (2005, Octubre). *The International Organization for Standardization.* Retrieved from The International Organization for Standardization: https://www.iso.org/obp/ui/#iso:std:iso-iec:27001:ed-1:v1:en

Keller, Lai y Perlroth. (2015, Julio 29). *How Many Times Has Your Personal?* Retrieved from The New York Times: http://www.nytimes.com/interactive/2015/07/29/technology/personaltech/what-parts-of-your-information-have-been-exposed-to-hackers-quiz.html?_r=2

Khan, S. (2011, Marzo). *Let's use video to reinvent education.* Retrieved from TED: http://on.ted.com/SalKhan

Lammle, T. (2012). *CompTIA Network+ Study Guide.* Indiana: Sybex.

Lee, T. B., & Cailliau, R. (1992, Septiembre). *The World Wide Web.* Retrieved from Living Internet: http://www.livinginternet.com/w/w.htm

Markoff, J. (2006, Noviembre 12). *Entrepreneurs See a Web Guided by Common Sense.* Retrieved from The New York Times: http://www.nytimes.com/2006/11/12/business/12web.html?_r=1&ei=&adxnnlx=1434297965-rsYygmY7tbKolPY4RS3HqQ&pagewanted=all

Marquez, L. (2013, Marzo 15). El Humor Segun Aquiles. *Tal Cual.*

Me at the zoo explained. (2013). Retrieved from Everything Explained Today: http://everything.explained.today/Me_at_the_zoo/

Miller, C. C. (2008, Noviembre 7). *How Obama's Internet Campaing Changed Politics.* Retrieved from The New York Times: http://bits.blogs.nytimes.com/2008/11/07/how-obamas-internet-campaign-changed-politics/?_r=1

NITRD. (1995, Octubre 24). *Definition of Internet.* Retrieved from The Networking and Information Technology Reseach and Development Program: https://www.nitrd.gov/fnc/Internet_res.aspx

Obama, B. (2015, Enero 12). *Barack Obama.* Retrieved from Twitter: https://twitter.com/BarackObama/status/554691248540241920

O'Reilly, T. (2005, Septiembre 30). *What is Web 2.0.* Retrieved from O'Reilly: http://www.oreilly.com/pub/a/web2/archive/what-is-web-20.html

O'Reilly, T. (2007, Octubre 4). *Today's Web 3.0 Nonsense Blogstorm.* Retrieved from O'Reilly Media Inc.: http://radar.oreilly.com/2007/10/todays-web-30-nonsense-blogsto.html

O'Reilly, T., & Battelle, J. (2009, Octubre 20-22). *Web Squared: Web 2.0 Five Years On.* Retrieved from Web 2.0 Summit: http://www.web2summit.com/web2009/public/schedule/detail/10194

Ozkaya, E. (2014). *Erdalozkaya.com*. Retrieved from Erdal Ozkaya Personal blog: http://www.erdalozkaya.com/

Ozkaya, E. (2014, Mayo 2014). *Free Short Course - Hacking Countermeasures*. Retrieved from Erdal Ozkaya Personal Blog: https://www.youtube.com/watch?v=kOdO3vzHXnk

RAE. (2016, Enero). *Ambiguo*. Retrieved from Real Academia Española: http://dle.rae.es/?id=2Hrlgpx

RAE. (2016, Enero). *Ciberespacio*. Retrieved from Real Acadmia Española: http://dle.rae.es/?id=98Wdd57

RAE. (2016, Enero). *Internet*. Retrieved from Real Academia Española: http://dle.rae.es/?id=LvskgUG

RAE. (2016, Enero). *Semántica*. Retrieved from Real Academia Española: http://dle.rae.es/?id=XVRDns5

Sony Corporation. (2016). *About Sony*. Retrieved from Sony Corporation of America: http://www.sony.com/electronics/about-sony

Stopphubbing. (2012). *Phubbing*. Retrieved from Stopphubbing: http://stopphubbing.com/

Symantec. (2015, Abril). *Internet Security Threat Report*. Retrieved from Symantec Corporation: http://symantec.postclickmarketing.com/Global/FileLib/ISTR_Report/Internet-Security-Threat-Report-Volume-20-2015.pdf

Symantec. (2016). *Glosario de Seguridad 101*. Retrieved from Symantec Corporation: http://www.symantec.com/es/mx/theme.jsp?themeid=glosario-de-seguridad

Systems, C. (2015). *Informe Anual de Seguridad 2015*. San Jose: Cisco Systems Inc.

Tzu, S. (1910). *The Art of War*. London: British Museum.

Verizon. (2015, Abril). *Data Breach Investigations Report*. Retrieved from Verizon Enterprize: http://www.verizonenterprise.com/DBIR/2015/

W3C. (2015). *Guia Breve de Web Semántica*. Retrieved from World Wide Web Consortium: http://www.w3c.es/Divulgacion/GuiasBreves/WebSemantica

Walters, R. (2014, Octubre 27). *Cyber Attacks on U.S. Companies in 2014*. Retrieved from The Heritage Foundation: http://www.heritage.org/research/reports/2014/10/cyber-attacks-on-us-companies-in-2014

WASC. (2016). *Buffer Overflow*. Retrieved from The Web Application Security Consortium: http://projects.webappsec.org/w/page/13246916/Buffer%20Overflow

Wikileaks. (2011, Diciembre 1). *The Spy Files*. Retrieved from Wikileaks: https://wikileaks.org/spyfiles/

Yadron, D. (2014, Mayo 4). *Symantec Develops New Attack on Cyberhacking*. Retrieved from The Wall Street Journal: http://www.wsj.com/articles/SB10001424052702303417104579542140235850578

Printed in the United States
By Bookmasters